아름다운 가능성을 향한 도전

미술이 준 눈물,
기쁨
그리고 합격

contents

책을
펴내며 …

정부는 창조와 창의를 거듭 강조합니다.
'미술' 이야말로 창의적인 생각과 활동을 키울
수 있는 분야인데 공교육에서 미술교육은 제대
로 이루어지지 않고 있습니다.

프랑스에서는 '모든 학습은 미술에서 시작된다' 는
이념으로 교육을 진행합니다. 미술을 여러 과목에 이용하지
요. 수학에서는 대칭을 교육하기 위해 얼굴이나 배 등의 그림을 이용하고, 역
사 수업에서는 예술사를 이용해 그 시대와 당시 행해지던 예술, 예술가들을
함께 배운다고 합니다. 이를 통해 아이들은 오감을 사용하면서 교육을 받게
되고, 창의력과 판에 박히지 않은 유연한 사고를 기르게 됩니다.

선진국 프랑스의 미술교육은 예술가를 키우는 과정이 아닙니다. 아름다움을
느끼는 감수성과 표현력을 키우는 방법을 가르치고 있는 것입니다. 실제로
여러 연구에서 미술수업을 정기적으로 받은 아이들이 학업 성취도에서도 뛰
어나다든지, 의학대학에서 미술수업을 병행한 경우 환자진단 능력이 월등히
향상되었다는 결과가 발표되기도 했지요.

김연아는 세계적인 스케이터 미셸 콴이라는 롤 모델이 있었기 때문에 동기부
여를 할 수 있었고, 이제는 많은 아이들이 김연아를 목표로 피겨선수의 꿈을
키워가고 있습니다.
또 박세리와 최경주를 통해 많은 청소년들이 골프에 입문하여 LPGA, PGA
에서 맹활약을 하고 있는 것은 많이 알려진 사실입니다. 이러한 사례들은 성
공한 사람들을 통해 얻는 용기와 '할 수 있다' 는 의지가 얼마나 중요하며 가
치 있는 것인지를 말해줍니다.

이러한 취지에서 합격한 학생 중 특별한 사례를 구체적으로 소개하는 자리를
마련했습니다. 꿈나무들을 지도하며 성공한 체험담 또는 감동적인 이야기를
통해 아직 진로를 정하지 않은 중 · 고등학생과 학부모들이 미술대학에 대한
관심을 가지는 계기가 될 것입니다. 진학지도에 도움을 드리고 학생들에게
새로운 도전을 할 수 있도록 유도하기 위한 "합격생 체험수기집" 입니다.

건국대학교 현대미술전공 합격생 간담회

글 김등대 **사진** 권주용

▶ 현대미술전공을 알게 된 계기가 궁금해요.

최수지_원래 사실적인 그림을 좋아했어요. 그래서 그런 그림을 할 수 있는 학과를 생각하다가 우연히 알게 된 것 같아요. 그런데 알면 알수록 전공의 정체성이랄까? 색깔이 점점 마음에 들었어요.

이홍연_남들에게 얘기를 듣고 알게 되었어요. 요즘 떠오르고 있는 학교고 전공에 대한 학교 차원의 지원도 아낌없기로 유명하다고요. 무엇보다도 실기 반영비율이 높다는 소리를 듣고 관심을 갖게 되었어요.

김채현_건국대 미술 실기대회에 참여해서 그때부터 관심을 많이 가졌어요. 그리고 커리큘럼이 이번 년도부터 바뀌어서 평면과 입체의 세부전공 구분 없이 모두 배울 수 있다고 들어서 더욱 좋아졌어요.

▶ 본격적으로 입시 얘기로 넘어갈까 하는데요. 건국대 입시준비뿐만 아니라 본인의 미대 입시 과정을 구체적으로 얘기해 주세요.

인체 실기를 준비하면서 가장 어려웠던 점은?

김채현_아무래도 인체는 스케치가 가장 중요하면서 동시에 어렵잖아요. 저도 스케치가 가장 실력이 느는 게 더뎠어요. 근데도 중요하니까 도저히 대충 그릴 수가 없더라고요. 그러던 중에 미술학원에서 누드 스케치 수업을 받게 됐는데 그 후로 스케치 실력이 확실히 좋아진 거예요. 원래 채색은 막힘이 없었거든요. 그래서 그때부터 전반적인 실력이 많이 늘었던 것 같아요.

김채현
▶상명대학교 사범대부속여자고등학교
▶성적
수능 : 국어A 5,
영어A 2,
사탐 4/6
내신 6.5등급

김채현 평소작   김채현 평소작

스케치가 정말 중요했던 모양이네요.

일동_정말 중요해요. 스케치 결과에 따라서 완성의 질이 달라져요.

김채현_저 같은 경우는 채색을 아무리 잘해도 스케치가 잘 안되어 있으면 결과가 정말 안 좋았어요. 가뜩이나 사실적인 표현을 좋아해서 완성하는데 시간이 많이 촉박했거든요. 그래서 그것을 극복하려는 시도를 했어요. 그림을 크게 보고 그리면서 단계적으로 세부 묘사까지의 과정을 구분한다든지, 전체적인 인체의 양감을 살리기 위해 어두운 부분은 보기보다 과장해서 그림의 볼륨을 극대화한다든지 말이죠. 물론 의식적으로 시간 배분에 신경 쓰는 게 가장 중요했던 것 같아요.

전 질문과 연결하자면, 인체의 어떤 부위가 스케치하기 어려웠나요?

김채현_발 그리기가 가장 어려웠어요. 인체 실기를 준비했던 학생들 대부분이 겪는 어려움이 '발 스케치'가 아닐까 생각해요. 제 주변에도 인체에서 발이 갖고 있는 비중을 무시했던 친구들의 그림을 보면 그림의 완성도가 매우 떨어졌거든요. 물론 발만큼 손도 중요하고요 얼굴은 그보다 더 중요했지만 발의 완성도 하나로 그림의 변별력이 좌우됐던 것 같아요.

입시 준비는 어땠나요?

이경수_고3 때는 절박함이 없었던 것 같아요. 서울대 수시 입시를 준비했었는데 준비가 미흡해서 떨어졌거든요. 그때부터 뭔가 힘이 빠지고 공부에 집중도 안 되더라고요. 결국 재수를 하게 되었죠. 재수 때는 서울대에 미련이 남

아서 다시 준비했는데 또 떨어졌어요. 근데 고3 때와는 달리 최선을 다해서 그런지 후회는 남지 않더라고요.

다시 다른 입시를 준비하면서 건국대를 알게 되었는데 현대미술전공이 그중에서 가장 가고 싶었어요. '현대미술'을 배운다는 점과 입체매체와 평면매체를 같이 배울 수 있다는 매력적으로 다가왔거든요. 그래서 조금 늦었지만 인체 공부를 푹 빠져서 했던 것 같아요.

가장 어려웠던 점이 뭐였고 어떻게 해결했나요?

이경수_저도 스케치가 가장 어려웠어요. 그중에서도 무릎과 팔 윗부분의 근육 형태가 자꾸 틀렸어요. 그래서 팔과 무릎의 뼈, 근육의 구조를 공부하고 빛을 받았을 때 어떻게 표현되는지를 고민했죠. 그렇게 연구를 하다보니까 자연스럽게 안 그려지던 부분들이 점점 해결됐던 것 같아요. 그밖에 전체 스케치를 할 때도 인체의 구조에 대한 이해가 있으면 실제 모델을 보고 그려도 왜 저런 주름과 명암이 만들어졌는지 빨리 이해되더라고요. 포인트를 찾아서 특징을 살리기도 쉬워졌고요.

그럼 언제부터 입시 미술 준비를 시작했나요?

이홍연_고2 7월부터 미대입시를 위해 수채화를 배웠어요. 주위의 친구들보다 조금 늦은 편이었죠. 그 후로 정물수채화 기초부터 차근차근 준비했어요. 그리고 실기로 갈 수 있는 대학 중 나에게 맞는 대학을 찾다가 건국대가 눈에 들어왔어요. 실기 반영비율이 높아서 실기만 열심히 하면 갈 수 있다고 생각했거든요. 실기만 하고 공부는 거의 손을 놓다시피 했어요. 그런데 그게 잘못된 생각이었죠. 고3 입시를 수능 때문에 망치고 재수를 하게 됐어요.

5

이경수 평소작

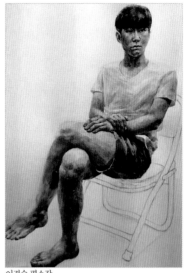

이경수 평소작

이경수
▶숙명여자고등학교
▶성적
수능 : 국어B 5,
영어B 4,
사탐 5
내신 4등급

아무리 실기 반영비율이 높아도 공부는 역시 중요하군요.

이홍연_정말 뼈아프게 느꼈죠. 재수를 하면서 독학으로 공부에 집중했어요. 물론 실기 준비도 병행하면서요. EBS 문제집을 3~4번 반복 풀이하면서 문제를 외우다시피 했던 것 같아요. 그래서 기적적으로 전체 과목에서 평균 2등급 정도 올랐어요.

그렇다면 실기 준비는 어떻게 했나요?

이홍연_재수부터 건국대를 목표로 인체를 준비했는데 기초가 없는 상황에서 갑자기 준비했어요. 그런데 '인체색채소묘' 가 다양한 재료를 사용할 수 있는 실기임에도 불구하고 제가 원래 사용했던 수채화 이외에 다른 재료들을 사용하기가 꺼려지고 잘 안되더라고요. 그때쯤 되니까 선생님이 어설프게 여러 재료를 사용할 바에는 수채화 하나로 채색을 하는 것도 나쁘지 않다고 말씀해 주셔서 수채화만으로 채색 연습을 시작했어요. 감을 찾을 때까지 꾸준히 반복해서 그렸죠.

이홍연
▶불암고등학교
▶성적
수능 : 국어A 5,
영어A 2,
사탐 3/5
내신 5등급

이홍연 평소작

이홍연 평소작

구체적인 공부, 실기 준비 이야기가 궁금해요.

최수지_고등학생 때는 공부에 매달려 본 적이 없으니까 재수부터는 어떻게 공부해야 할지 막막했어요. 그래서 EBS 교재에 많이 의존했던 것 같아요. 그리고 초반부터 공부 습관부터 들이기 위해 실기 준비를 잠시 미루고 의자에 붙어 있는 시간을 늘렸어요. 살면서 가장 공부를 열심히 했던 것 같아요. 실기는 원래 하던 연습을 꾸준히 했어요. 사실적인 그림을 좋아하다보니 사실주의 기법으로 그린 명화들을 인터넷에서 찾아서 매일 봤어요. 제 그림의 자료로 활용하기도 하고요. 특히 모작을 했던 경험이 많은 도움이 되었어요. 사진을 보고 그리는 것보다 사실주의 기법으로 그린 그림을 모작하는 편이 저에겐 더 도움이 됐던 것 같아요.

실기에서 가장 어려웠던 점이 무엇이었나요?

최수지_실기에서 가장 어려웠던 점은 저도 스케치였어요. 전체 형태가 굉장히 어려웠어요. 비례나 전체 동세가 어긋나면 색칠을 아무리 잘해도 완성했을 때 잘했다는 티가 안 나는 거예요. 그래서 형태가 잘못된 부분이 보이면 채색 중간에라도 고쳐 그렸어요. 덕분에 시험장에서도 모델의 전체 인상이 굉장히 닮게 그려졌어요. 스케치가 성공한 거였죠.

▶ 인체 실기를 준비하는 학생들, 현대 미술전공 진학을 희망하는 학생들에게 조언 부탁드려요.

김채현_수능 결과가 좋지 않다고 좌절하지 않았으면 좋겠어요. 수능 점수는 평가 요소 중에 일부분이잖아요. 수능 이후에는 실기 준비에 전념해서 자신이 원하는 대학에 합격할 수 있는 가능성을 조금이라도 높이는 것이 현명한 것 같아요.

이경수_고등학교 3학년이 되면 많은 학생들이 착각을 해요. 자기는 저절로 대학에 붙을 거라고요. 어떻게 되든 고3이 끝나면 대학생이 되어 있을 것이라는 막연한 기대를 해요. 근데 절대 그렇지 않거든요. 저절로 대학에 들어간다 생각하지 말고 자기 진로를 진지하게 생각했으면 좋겠어요. 그리고 수능이 끝나고 실기에만 전념하는 시기에 굉장히 힘든 시기가 한 번 오거든요. 그때 무너지지 말고 꾸준히 자기 할 일을 했으면 좋겠어요.

이홍연_미술로 대학 입시를 생각하는 학생이 있다면 시기를 불문하고 바로 도전했으면 좋겠어요. 아무리 다른 학생들보다 늦었다고 해도 열정과 의지가 있다면 분명히 좋은 결과가 있을 겁니다. 그리고 자신이 지원하는 대학의 실기 반영비율이 아무리 높아도 수능 공부는 절대 놓지 않았으면 좋겠어요.

최수지_ '진인사대천명' 이라고 후회 없이 노력했으면 좋겠어요. 자기를 뒤에서 응원하는 부모님을 생각해서라도 자기 역량을 마지막까지 쏟아낸다는 각오로 입시에 임해야만 자기가 원하는 결과를 얻을 수 있다고 봐요. 노력하는 사람은 온 우주가 돕는다고 하잖아요.

최수지
▶경기예술고등학교
▶성적
수능 : 국어A 5, 영어B 4, 사탐 2
내신 3등급

최수지 평소작

최수지 평소작

국민대학교 조형대학 합격생 간담회 I

글 복송화 사진 권주용

의상디자인학과 이예승
▷출신고교 : 용인동백고등학교
▷수능성적 : 국어B 2등급,
　영어B 2등급, 사탐 1/2등급

영상디자인학과 이슬비
▷출신고교 : 인덕원고등학교
▷수능성적 : 국어B 2등급,
　영어B 3등급, 사탐 2/1등급

공업디자인학과 박소연
▷출신고교 : 백신고등학교
▷수능성적 : 국어B 1등급,
　영어B 2등급, 사탐 2/3등급

금속공예학과 조규상
▷출신고교 : 과천외국어고등학교
▷수능성적 : 국어B 4등급,
　영어B 2등급, 사탐 3/4등급

▶ 입시 스트레스는 어떻게 해소했나

슬비_재수 때 개인적으로 힘든 일이 많았어요. 자꾸 신경이 다른 쪽에 쏠려서 입시에 집중할 수가 없었죠. 다행히 고등학교 선생님 중에 친했던 분이 계신데, 그 분이 신경을 많이 써주셨어요.

예승_저는 감정적인 부분은 혼자서 삭이는 편이에요. 자전거를 탄다거나 가벼운 도보 여행을 떠난다거나. 삼수 때는 운동을 하면서 기분을 풀었어요. 킥복싱이랑 복싱을 배웠는데 좋은 선택이었던 것 같아요.

▶ 내신 관리

소연_내신은 평소 수업시간에 집중하는 것과 꾸준한 복습이 가장 중요하다고 생각해요. 실제로 제가 복습 덕을 많이 봤거든요. 3학년 때부터 그날 배운 내용은 반드시 당일 복습을 했더니 정말 배운 내용이 안 잊혀지더라고요.

슬비_정시의 경우 내신 실질반영비율이 그다지 높은 편이 아니잖아요. 그래서 저는 수능이랑 실기에 집중했어요. 1, 2학년 때까지는 어떻게 될지 모르는 거니까 내신에도 신경을 썼었는데, 3학년 되고부터는 아예 손을 놨죠.

▶ 입시를 치르며 힘들었던 점

예승_미대엔 섬세하고 예민한 사람들이 많아요. 저도 그런 부분이 없잖아 있는 편이고요. 또 입시란 게 항상 막연하고 불안하잖아요. 그래서 심적으로 좀 힘들었던 것 같아요.

소연_제가 걱정이 많은 편이어서 걱정하는 데 시간을 정말 많이 썼어요. 막상 시험장에선 큰 문제가 없었는데 혼자서 불안해하면서 많이 힘들어 했던 것 같아요.

슬비_국민대 실기는 창의성과 발상력이 정말 중요해요. 그래서 아이디어 스케치가 안 풀리거나 할 때 많이 힘들었어요. 다른 아이들이 기발한 아이디어를 내거나 하면 옆에서 초조하기도 했고요.

9

영상디자인과 / 이슬비

금속공예학과 / 조규상

▶ 수능 준비

예승_제가 재수를 하면서 공부를 진짜 열심히 했어요. 그런데 막상 실전에서 평균 성적이 10% 가까이 떨어져 버린 거예요. 그런 경험을 한 번 하고 나니까 이전까지 유지하던 공부 방법에 회의가 들더라고요. 그래서 3수 때는 커피 한 잔 마시면서 책 좀 읽다가, 산책하면서 영어 대화 같은 걸 듣거나 하는 식으로 좀 더 편하게 준비했어요.

슬비_저는 반대로 EBS 교재를 정말 열심히 풀었어요. 재수 때 남들이 다 EBS 중요하다고 하는 걸 무시하고 제 방식대로 공부했다가 결과가 좋지 않았거든요. 그게 너무 뼈아프게 남아서 4수 때는 거의 EBS 교재를 독파하다시피 했어요.

규상_고3 때는 외고에서 저 혼자 미대입시를 준비하다 보니까 다른 친구들이랑 페이스를 맞출 수 없어서 거의 혼자 공부하는 식이었어요. 재수 때는 학원에 모든 걸 맡겼죠. 좀 웃긴 게 고3 때보다 재수 때 공부를 훨씬 많이 했는데 오히려 성적이 떨어졌어요.

소연_고3 상반기까지는 문제 푸는 속도보다 정확도가 중요하다고 생각해서 한 문제 한 문제를 꼼꼼하게 풀어 보는 편이었어요. 수능 한두 달 전부터는 기출문제를 중심으로 시간 안에 문제 푸는 연습을 집중적으로 했고요.

▶ 실기 연습

소연_저는 고2 때까지 비실기 전형을 노리고 있던 터라 뒤늦게 실기를 시작한 케이스예요. 학원을 다녀 보니까 표현력이나 묘사력은 오래 실기를 준비해 온 친구들을 못 따라가겠단 생각이 들어서 발상 쪽에 신경을 많이 썼어요. 실력이 많이 부족한 편이었는데 수능 끝나고 겨울 특강을 들으면서 그림실력이 많이 는 것 같아요.

슬비_4수 전에는 사고의 전환을 했었거든요. 새로 발상과 표현을 배우는데 사고의 전환이랑 다른 부분이 참 많더라고요. 솔직히 사고의 전환은 크게 아이디어가 필요하다기보단 정해진 법칙대로 진행하면 그만인데, 발상과 표현은 말 그대로 '발상'이 정말 중요한 요소라서요. 매번 그림을 그릴 때마다 새로운 아이디어를 짜내야 한다는 게 정말 힘들었어요.

예승_전 딱히 대학에 큰 욕심이 없는 편이어서 그냥 '경기권 대학 정도면 되겠지' 하고 있었거든요. 그러다가 수능 점수 받아보고 나서 국민대를 생각하게 된 경우예요. 그 전까지는 계속 포스터칼라로 그림을 그려오다가 갑작스레 수채화로 갈아타느라 좀 무리하기긴 했죠.

공업디자인과 / 박소연

의상디자인과 / 이예승

▶ 실기고사 현장에 대하여

소연_ 제가 실기가 많이 부족했던 편이어서 시험 전날까지도 선생님이 걱정을 많이 하셨어요. 그러다가 시험장에 갔는데 문제가 너무 추상적인 거예요. 그래서 진짜 당황했던 기억이 나요.

슬비_ 저는 시험 치러 가기 전 학원 선생님들이 '올해 국민대 실기는 어렵게 나올 것이다' 하고 미리 예측을 하셨거든요. 작년 문제가 예상보다 좀 쉽게 나왔었기 때문에 그 반동으로 올해 문제는 난이도가 높을 거라고 판단하신 거죠. 해서 다소 추상적인 문제를 받고 나서도 미리 면역이 생겨 있던 덕분에 크게 당황하진 않았어요.

예승_ 시험장 특유의 사람을 정신적 아노미 상태로 몰아넣는 모호한 분위기가 있어요. 분명히 주제부를 투명체로 그리려고 했는데 정신을 차려 보니까 완전 불투명체를 그리고 있는 거예요. 그나마 시험장에 여러 번 들어가 본 저도 그런데 현역들은 오죽하겠어요. 현장 분위기에 휩쓸려서 정신 놓는 현역들이 많다고 그러더라고요.

규상_ 그냥 주어진 조건 외에 쓸데없는 짓을 하면 안 될 것 같아서 문제지에 나와 있는 그대로 그렸어요. '휘어진 공간을 그려라' 하면 휘어진 공간을 그리고 '따뜻한 것과 차가운 것을 그려라' 하면 그냥 따뜻한 것과 차가운 걸 그렸죠. 그냥 시키는 대로 한 것 같아요.

▶ 실기고사 주의사항

예승_ 미움을 안 받는 게 중요해요. 딱히 흠잡을 데 없는 성실한 그림에 높은 성적, 이 두 가지가 전부라 해도 과언이 아니에요.

슬비_ 하지 말라고 하는 걸 절대 하면 안 돼요. 문제지에 대놓고 주의사항이 나와 있는데도 이걸 못 지키는 사람들이 의외로 굉장히 많거든요. 적어도 직접적인 감점요소는 피해가야 하지 않겠어요.

▶ 후배들에게 조언

슬비_ 공부할 때 하루 종일 책상 앞에 붙어 있는 건 좀 비효율적이라고 봐요. 일주일에 한 번 만이라도 여유로운 시간을 가져 보는 게 좋아요.

소연_ 성실하게 실기력을 키우는 것도 중요하지만, 성적 관리 역시 그에 못지않게 중요해요. 좋은 성적을 유지하기 위해 긴장을 늦추지 마세요.

예승_ 학원에서 강사가 보여주는 그림이 자기 그림인 게 아니에요. 또 공부는 결국 혼자서 하는 겁니다.

규상_ 주변에서 하는 이야기에 너무 신경 쓰지 말고 본인이 생각하는 대로 밀고 나가세요.

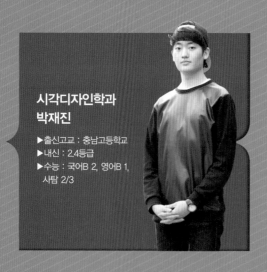

시각디자인학과
박재진

▶출신고교 : 충남고등학교
▶내신 : 2.4등급
▶수능 : 국어B 2, 영어B 1,
　사탐 2/3

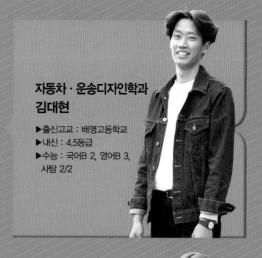

자동차 · 운송디자인학과
김대현

▶출신고교 : 배명고등학교
▶내신 : 4.5등급
▶수능 : 국어B 2, 영어B 3,
　사탐 2/2

국민대학교
조형대학

합격생 간담회 II

글 복송화 사진 권주용

실내디자인학과
백인아

▶출신고교 : 수지고등학교
▶내신 : 5등급
▶수능 : 국어B 2, 영어B 3,
　사탐 2/4

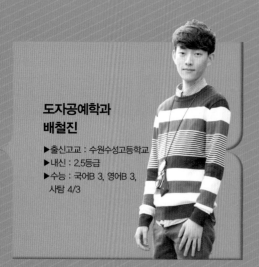

도자공예학과
배철진

▶출신고교 : 수원수성고등학교
▶내신 : 2.5등급
▶수능 : 국어B 3, 영어B 3,
　사탐 4/3

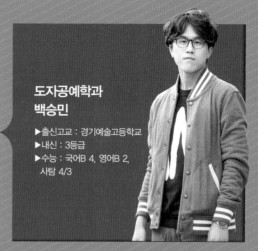

도자공예학과
백승민

▶출신고교 : 경기예술고등학교
▶내신 : 3등급
▶수능 : 국어B 4, 영어B 2,
　사탐 4/3

▶ 미술을 어떻게 시작하게 되었나

백승민_전 초등학생 때부터 미술을 쭉 해왔어요. 고등학교도 예고를 나왔고요. 예고에선 1학년 때 모든 전공을 한 번씩 돌아보게 하는데, 저는 그 중 디자인이 적성에 맞는 것 같아서 디자인 전공을 선택했어요.

배철진_어릴 때부터 쭉 그림을 그리고 싶긴 했는데, 주변 반응이 여의치 않아서 그림을 시작하는 걸 망설여 왔어요. 그러다 고등학교 1학년 말 들어 미술을 해야겠단 결심을 세웠죠. 일단 학원을 다녀야겠다 싶어서 집 주변 미술학원을 알아봤는데 대부분이 다 디자인학원이더라고요. 그래서 자연스럽게 디자인을 시작하게 됐어요.

김대현_저도 고등학교 1학년 때부터 미술을 시작했어요. 저는 아버지가 자동차 디자이너셔서 운송기기 디자인에 쭉 관심을 갖고 있었거든요. 그래서 처음부터 디자인학과를 목표로 했어요.

박재진_어릴 때부터 미술을 좋아했지만 미술을 하면 돈을 못 번다는 인식 때문인지 전공으로 선택할 엄두가 나지 않았어요. 그러다가 고등학교 2학년 무렵 게임 컨셉 아트에 관심을 가지면서 미대입시를 결심하게 됐죠.

백인아_쭉 미술을 좋아해 오다가 다소 늦은 시기인 고등학교 2학년 때부터 미대입시 준비를 시작했어요. 원래는 시각디자인을 전공하고 싶었는데 입시 도중 산업디자인이나 공간디자인 쪽에 관심이 생겨서 실내디자인학과에 지원하게 되었어요.

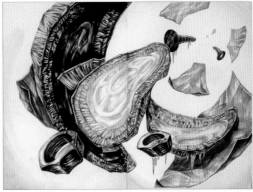

〈백승민 재현작〉

▶ 내신 관리는 어떻게 했나

백승민_예고에선 대다수가 특정 몇 과목에 집중하기 때문에, 그 과목들은 좋은 등수를 받기가 굉장히 힘들어요. 내신 경쟁이 상당히 치열하죠. 학과 수업방식 자체는 다른 인문계랑 비슷해요. 저는 영어가 좀 부족한 편이어서 메가스터디 같은 인터넷강의를 활용해서 보충했어요. 시험기간에는 교과서를 참고해서 공부했고요.

배철진_그냥 학교생활에 충실했던 것 같아요. 학교 자체 커리큘럼이 빡빡했기 때문에 다른 생각을 할 필요가 없었거든요. 미술을 시작하고 나서는 제게 필요 없다 싶은 과목들은 과감하게 버렸어요. 실기 준비를 시작했기 때문에 시간을 효율적으로 사용해야 했거든요.

〈박재진 누드크로키〉

13

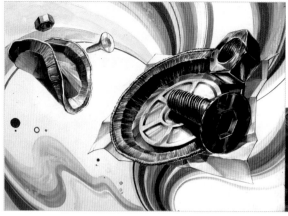

〈김대현 재현작&평소작〉

▶ 실기는 어떻게 연습 했나

백승민_예고를 다녔기 때문에 저학년 때는 따로 학원을 다닐 필요가 없었어요. 그러다 고등학교 3학년 때부터 따로 작은 개인 화실을 다니기 시작했죠. 개인 화실은 규모가 작기 때문에 대형학원처럼 구성원끼리 경쟁하긴 어렵지만, 각자의 그림 스타일을 많이 배려해 준다는 장점이 있어요.

박재진_현역 시절에는 사고의 전환이나 서울대 기초실기를 주로 배웠어요. 반수 시작하고 부터는 따로 학원을 다니는 대신 학교 과제 같은 걸 하면서 손이 무뎌지지 않게 관리했고요.

백인아_안 해본 실기가 거의 없어요. 학원에선 주로 선생님이 주제를 내주면 애들이랑 앉아서 주제에 대해 토론을 하고, 거기서 나온 아이디어를 선생님과 다시 한 번 검토한 뒤에 썸네일을 잡는 식으로 수업을 진행했던 것 같아요.

▶ 실기고사 현장 경험담

배철진_이전에 학원에서 다뤄본 유형의 문제여서 크게 당황하진 않았어요. 문제를 받고나서 근본적인 출제의도가 무엇일까 곰곰이 생각해 봤죠. 생각해보니 은박지의 반사되는 성질을 이용하라는 것 같아서 휘어진 은박지로 공간을 구성하고, 거기에 반사되는 이미지로 따뜻함과 차가움을 표현했어요.

백인아_발상과 표현에는 주어진 소재를 그대로 옮기는 1차 발상과 완전히 새로운 이미지를 만들어내는 2차 발상이 있는데요. 저는 이번 주제엔 2차 발상이 적합하겠다 싶어서 그렇게 그려냈거든요. 그런데 완성하고 나서 보니까 다른 그림들이랑 제 그림이 너무 달라서 떨어질까봐 좀 걱정했어요.

김대현_저는 실기를 준비할 때 다양한 소재들을 많이 다뤄봤거든요. 그래서 〈가군〉, 〈나군〉 전부 다 그려본 소재들이 나왔어요. 주제를 받고 최대한 빠르게 아이디어를 구상한 뒤 공간을 구성한단 느낌으로 채색했어요. 완성작이 꽤 만족스럽게 나와서 한시름 내려 놨었죠.

박재진_저는 '휘어진 공간' 이라는 부분을 좀 잘못 해석하는 바람에 시험 도중 고생 꽤나 했었어요. 블랙홀처럼 화면 전체가 다 휘어지게 하려다 보니 소재들이 겹치기 시작하면서 그림이 꼬이기 시작했거든요. 그래서 낙담하고 있었는데 시험이 끝난 뒤 주변을 둘러보니까 다 같이 사이좋게 망쳤더라고요. 그래서 다소 희망을 얻을 수 있었죠. 결국 이렇게 입학할 수 있었고요.

〈배철진 재현작〉

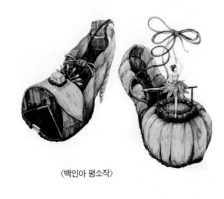

〈백인아 평소작〉

▶ 입시를 치르면서 가장 힘들었던 부분

배철진_앞날이 막연하고 불확실하단 점이죠. 현역 때는 패기나 '무대포 정신'이 있잖아요. 재수, 삼수가 되면 일단 한번 데여보고 다시 시작하는 거니까 기분이나 마음가짐이 현역 같을 수가 없어요. 항상 조마조마한 기분을 느껴야 했던 점이 가장 힘들었던 것 같아요.

김대현_제가 다니던 학원이 워낙 규모가 작다보니까 학원에서 국민대를 준비하는 사람이 저밖에 없었거든요. 주변에 경쟁 대상이 없다보니 괜히 '내가 지금 제대로 하고 있는 게 맞나' 싶은 생각이 들어 좀 힘들었던 것 같아요.

▶ 수능 성적 관리 비법

배철진_군이 제가 원해서 다시 입시를 치르는 상황이었기 때문에 집에다 대고 이것저것 지원을 요구할 입장이 아니었어요. 그래서 학교 다니면서 모아났던 '알바비'로 독서실을 끊고 EBS나 사설 인터넷강의를 참고해가며 독학을 했죠.

박재진_공강 시간이 빌 때마다 자취방에 돌아와서 인터넷강의를 들었어요. 사탐 같은 경우엔 새로 개정된 부분만 다시 들었고, 영어는 EBS나 대학생들이 만든 모의고사 문제, 같은 걸 참고해가며 공부했어요. 최대한 커뮤니티 사이트를 많이 활용하려 애썼죠.

백인아_저는 재수 때 혼자 공부하다 수능을 망쳤었거든요. 그래서 삼수 때는 학원에 다니면서 관리해 주는 대로 공부했어요.

▶ 입시생들에게 조언

김대현_누구나가 납득할 만한 결과로 자기결정권을 틀어쥐는 것. 마음 편하게 입시를 치르려면 참고할 만한 사항이라고 생각해요.

백승민_제가 아는 동생들이 재수, 삼수를 하고 있는데 벌써부터 주눅이 들어 있는 걸 보면 참 안타까워요. 이제 겨우 4월인데 지금 주눅이 들기 시작하면 아무것도 못하거든요. 힘든 이야기겠지만 마음을 좀 편하게 가질 필요가 있어요. 긍정적인 생각과 자신감을 갖고 입시에 임하길 당부하고 싶어요.

배철진_입시에선 무엇보다 기본기가 중요해요. 입시를 하다가 마음이 조급해지면 편법 같은 데 눈이 가고 귀가 열리곤 하잖아요. 그런데 이 기본기라 불리는 것들은 수많은 사람들의 경험에 의해 이미 효율성이 검증된 것들이거든요. 오히려 검증되지 않은 편법 쪽이 훨씬 위험하죠. 그러니 다른 쪽에 눈 돌리지 말고 정해져 있는 기본기에 충실하길 바라요.

박재진_남들 시선을 너무 의식할 필요 없어요. 저는 반수를 하면서 남들 눈치를 되게 많이 봤거든요. 저 같은 학생이 있다면 너무 그러지 말라고 말해주고 싶어요.

백인아_저는 지금 학원에서 강사를 하고 있는데요. 학생들 사이에서 '어느 학원이 좋다더라' 하는 이야기가 나왔을 때 그런 소리들에 너무 휩쓸리지 말았으면 해요. 솔직히 어느 학원을 가든지 간에 실기는 '자기하기 나름' 이니까요.

조소과 김정원
- ▶출신고교 : 서울예술고등학교
- ▶수능등급 : 국어B 2, 영어B 2,
  사탐 2/4
- ▶응시전형 : 수시 일반학생전형

디자인학부 디자인전공 송혜원
- ▶출신고교 : 덕원예술고등학교
- ▶수능등급 : 국어B 1,
  영어B 3, 수학A 3
- ▶응시전형 :
  수시 일반학생전형

서울대 입시
A to Z

동양화과 김휘원
- ▶출신고교 : 고양예술고등학교
- ▶수능등급 : 국어B 1, 영어B 2,
  사탐 2/4
- ▶응시전형 :
  수시 일반학생전형

서양화과 장은담
- ▶출신고교 : 선화예술고등학교
- ▶수능등급 : 국어B 2,
  영어B 1, 수학A 3
- ▶응시전형 :
  수시 일반학생전형

서울대 합격생이 밝히는 1차 기초소양실기와
2차 전공적성실기 과정부터 면접까지 다양한 비법 공개

디자인, 동양화, 서양화, 조소과에 합격한 학생들이 한자리에 모여 서울대 입시의 준비과정부터 시험당일의 분위기까지 다양한 이야기들을 풀어냈습니다. 가끔 미대입시로 보내오는 독자엽서를 보면 어떻게 서울대학교에 갈 수 있을지 고민하는 학생들이 꽤 많은데요. 서울대 입시는 그림에 대한 기본기는 물론 사고력까지 필요로 하는 실기, 내신은 기본이고 수능 최저등급을 맞춰야 하고, 자기소개서에 면접까지 준비해야할 것이 많아 학생들이 궁금한 점이 많을 것 같습니다. 그래서 서울대 입시에 대한 최대한 많은 정보를 실으려 노력했으니 서울대를 마음에 품고 있는 학생이라면 주목해서 보시기 바랍니다.

▶ 기초소양실기

<김정원 평소작>

<김정원 평소작>

송혜원(디자인)_평소에 책을 많이 읽어서 생각하는 것을 좋아해요. 다양한 관점에서 생각하는 것을 좋아하는데, 얼굴을 그리는 문제에 대해서는 '거울'이 제시된 만큼 과도한 상상력보다는 관찰이라는 뜻으로 이해하고 얼굴을 확실하게 그려야겠다고 생각했어요. 서로 다른 3가지 의자에 대해서는 단순히 사람이 앉는 의자보다는 개념적으로 다가가 보자고 생각했죠. 첫 번째는 기능적 관점으로, 기존의 의자의 모습과 기능이 아니더라도 앉을 수 있는 기능이 있다면 의자가 될 수 있겠다고 생각해서 타이어를 눕혀놓은 것을 그렸어요. 두 번째는 시각적 관점으로 의자의 기능이 없더라도 우리가 생각하는 의자라면 그게 곧 의자가 될 수 있다고 생각해서 구름으로 의자모양을 그렸죠. 세 번째는 제작자의 관점인데요, 설령 의자의 기능이 가장 먼저 보이지 않더라도, 즉 일반적인 의자형태가 아니라도 그것을 만든 사람이 의자라고 만들고 의자로 이름을 붙이면 의자가 되지 않을까라고 생각해서 그렸어요.

장은담(서양화)_처음엔 문제를 받고 막막했는데 점의 크기, 선의 두께는 임의로 설정할 수 있다는 조건을 보고 점과 면, 선과 면의 조건을 주고 그림을 그리는구나라고 파악했어요. 그리고 점으로 얼굴을 사실적으로만 그린다고 해서 좋은 그림은 아니라는 생각이 들어서 점으로 선을 만들어서 점이 위에서 흘러내리는 듯한 형상을 전체적으로 만들고 그 사이사이 묘사를 점선으로 했어요. 도시의 풍경을 그릴 때는 색에 제한을 두었어요. 얼굴을 그릴 때 색을 많이 써서, 풍경을 그릴 때는 검은색과 빨간색만 써서 도시의 형상이라기보다는 조형적으로 아름답게 만들려고 노력했어요.

김휘원(동양화)_사람 얼굴을 그렸을 때 사람의 내면이 표현되어야 하는 문제였어요. 거울로 내 얼굴을 봤는데, 얼마 전 미용실에서 한 머리스타일이 실패해서 상태가 안 좋았어요. 그래서 찡그린 표정으로 머리가 산발이 된 얼굴을 그렸어요. 설명을 쓸 때는 남들이 잘 못보는 나의 내면이라고 설명했죠. 선을 쓸 때 감정이 나타나는 선을 쓰려고 노력했고, 형태는 틀리지 않고 그 안에서 최대한 감정을 나타내려고 했어요. 남들이 나를 봤을 때 인상이 무뚝뚝해 보인다고 생각하는데, 그게 아니라 내 안에는 악마적인 것도 있다고 표현했죠.

김정원(조소)_내 손을 그리는 문제에서는 이화여대 소묘처럼 정밀하게 그리고 그 손을 그리는 내 손을 하나 더 그렸어요. 손을 그리는 내 손은 움직이는 손이니까 가벼운 느낌을 주고자 드로잉식으로 그렸어요. 평가기준에 묘사력이 있었기 때문에 드로잉으로 하긴 했지만 원래 하던 크로키보다는 털까지 세세하게 그렸어요. 또 드로잉과 콜라주를 이용한 얼굴표현에서는 얼굴의 측면을 그렸어요. 주어진 투명 플라스틱이 겹쳐지면 되게 어두워져서 그걸로 명암을 내리고 덧붙여서 얼굴 옆면을 라인으로 따고 어두운 부분에 붙였죠. 그런데 어느 순간 그게 더 어두워지지 않는 거예요. 그래서 네임펜으로 문질러서 붙이기도 하고요. 꼴라주라는 게 사실적이어야 하는 게 아니니까요. 얼굴의 측면을 표현한 이유는 물속에서 얼굴이 나온 듯한 느낌을 주려고 그랬죠.

▶ 전공적성실기

장은담(서양화)_2차 시험 보러 갔을 때 제일 뒷자리에 앉아 있었어요. 앞에 사람 그림이 다 보여서 처음에 집중을 못하고 어떻게 그릴까 생각만 하고 있었죠. 내 그림을 그렸는데 마음에 안드는 거예요. 그 순간 선생님이 "그림을 나아지게 만드는 법은 많다"고 말씀하셨던 게 생각났어요. '덮는 것도 하나의 요소' 라고 하셔서, 얼굴의 반을 흰색으로 덮었어요. 거기다 얼굴을 사실적으로 안 그리고 모양을 다양하게 만들어서 넣었어요. 색상도 절제하고 싶어서 3가지 색깔 위주로 표현을 했고요. 결과적으로 덮으니까 더 멋있어지는 효과가 있었던 것 같아요. 두 번째 문제는 인물을 빼고 그리라고 되어 있었어요. 나무가 굴착기에 뽑혀지는 과정을 그렸는데요, 원래 투명 수채화에 자신이 없어서 흰색을 써서 아크릴처럼 그렸죠. 뒷배경에는 아파트를 넣었는데, 너무 일정해서 거부감이 느껴지게 그림자도 일정한 방향으로 주고, 앞쪽에는 빨간색 크레인이 나무를 뽑고 있는 장면을 그렸어요.

김휘원(동양화)_정물이 나올 거라 생각 못했는데, 출제 정물은 마음에 드는 소재였어요. 뭘 그려야 될지 모르겠지만, 일단 마음에 드는 정물이니까 재밌게 그리고 가자는 생각이 들었죠. 문제 2번은 연꽃이 물에서 피어나니까 먹으로 물을 까맣게 처리하고 뿌연 느낌을 주면서 그 안에 금붕어, 잎, 꽃을 그렸어요. 그릴 때는 손에 익었다는 느낌이 안 들도록 노력했어요. 문제 1번은 시간이 많이 없어서 구도만 잡아 놓고 그렸는데, 다른 애들은 여백을 고려해서 그리라고 하니까 거의 다 물체 한두 개만 그려놓고 배경을 비워 놓았더라고요. 저는 풍경처럼 하려고 잎이랑 꽃을 그리는데 그 사이에 약간 빈틈을 줘서 강의 흐름이나 바람의 흐름처럼 남겨져 있도록 그렸어요.

송혜원(디자인)_문제가 인공, 자연, 공존 3가지 키워드로 2가지 디자인을 자유롭게 하라는 것이었는데, 일러스트, 포스터, 로고디자인 등 뭐든지 할 수 있도록 주어졌어요. 그럼 정말 폭이 넓어지는 것이어서 어떻게 해야 하나 난처했죠. 폭이 넓으니까 그만큼 자기 특기를 보여주란 말이 아닌가 생각이 들기도 했어요. 첫 번째는 자연과 인간이 공존하는 주거공간을 디자인했어요. 집을 짓기 위해 땅을 다질 때 나무나 꽃을 다 뽑아야 하는데, 공존한다는 것은 서로 양보한다는 의미가 아닌가 생각해서 자연에게 양보하는 나무들을 피해서 집을 짓는 식으로 디자인했어요. 두 번째는 인간과 자연이 가장 오래된 이웃이라는 주제로 일러스트를 그렸어요.

김정원(조소)_주어진 글을 읽고, 제목을 '시간의 압축'이라고 지었어요. 시간을 가장 잘 나타내는 소재가 나이테라고 생각했어요. 그래서 나무를 주제로 잡았는데, 소나무 질감으로 만들어서 통나무처럼 잘라서 역삼각형 구조로 쌓아서 만들었어요. 역삼각형 구도로 한 것은 시간의 흐름을 보여주고 싶다는 이유였고요. 질감도 다양한 시간을 나타내고 싶어서 다양하게 했죠. 소나무도 하고 옻나무도 하고요. 매년 하나씩 나이테가 늘어갈 때마다 나의 일상생활이나 흔적을 표현하고 싶어서 나이테에 나무젓가락을 잘라서 꽂았어요. 또 '시간의 압축'이니까 압축을 좀 더 강조하기 위해서 랩으로 싸서 각목으로 뭉갰어요.

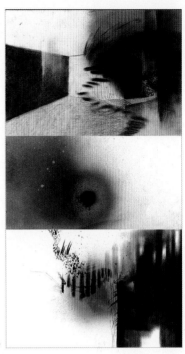

〈장은담 평소작〉

▶ 면접

송혜원(디자인)_디자인 전공은 다른 과에 비해 면접 시간이 짧아서 그림 설명으로 시간이 다 갔어요. 그림 설명 외에 가장 큰 질문은 "노아의 방주에 현 인류의 80%밖에 태우지 못한다면 어떤 기준으로 태울 것인가"였어요. 저는 사람의 가치를 어떤 기준으로 정하는 것부터 잘못된 것 같다고 생각해요. 최대한 추첨식으로 하겠다고 했죠. "새로운 지구에 가면 능력있는 사람들이 필요하고, 고령화문제가 있는데 어떻게 할 것인가"라고 되물어보셨죠. 지금 당장 그 문제를 해결하자고 젊은 사람을 골라서 데려가거나 우대해서 데려가고 늙은 사람을 버린다면 사회 전체의 윤리관이 무너지지 않을까요. 또 새로운 사회에서 능력 있는 사람만이 살 가치가 있다는 그런 주의가 팽배하게 되어 사회 기준 전체가 무너질 것이라고 말했어요. 이어 최근 시사에 대해 알고 있는 것을 얘기해보라고 하셨고, 다른 친구들 얘기를 들어보니 "지구의 중력이 2배가 되면 어떨 것 같은지, 남북관계에 대한 질문 등 다양한 질문이 나온 것 같더라고요.

장은담(서양화)_준비한 포트폴리오를 가지고 면접실로 들어갔어요. "1차, 2차 중에 더 나은그림이 뭐냐, 시험은 잘 본 것 같냐, 수능은 잘 본 것 같냐, 그린 그림들의 주제가 있냐"고 물어보셨죠. 특히 제 포트폴리오에 있었던 해부학 그림에 대해 많이 물어 보셨어요. 학교 선생님이 그림에 대한 질문이 나오면 열성적으로 설명하라고 하셔서 그렇게 했어요.(웃음) 시사적인 질문보다는 "어떤 작가가 되고 싶은지, 어떤 작품을 하고 싶은지"에 대한 질문이 많았던 것 같아요.

김정원(조소)_먼저 1차와 2차 실기 그림을 설명했어요. 설명을 제대로 못한 것 같은데, 교수님이 더 물어보지 않으셔서 그냥 넘어갔어요. "전공 분야 외에 관심있는 과목이 뭐냐"고 물어보셔서 '국사'라고 답했어요. 자소서 1번에 국사를 적기도 했거든요. 그랬더니 "본인이 아는 역사 중에서 어느 시대가 기억에 남고, 좋냐"고 물어보시는거예요. '일제강점기'라고 말했죠. 그 시기가 가장 분하기도 하고 공감이 많이 되는 시기였거든요. 이어 "국사 내 인물 중에 관심 있는 인물은 누구냐", "그 인물로 어떤 작업을 하고 싶은가", "역사와 예술을 결합해서 작업하는 작가를 아느냐" 등을 물어보셨어요.

김휘원(동양화)_저도 면접에 들어가자마자 그림을 설명했어요. 이어 "작가가 되고 싶다고 했는데 어떤 작업하고 싶냐?"는 질문에 대해 요즘 관심 있는 것은 음악과 회화를 결합해서 작업하는 것이라고 했어요. "어떤 음악을 좋아하냐?"고 하셔서 제가 좋아하는 '마이 블러디

발렌타인'이라는 팀을 말했죠. 보통 음악은 기승전결이 있는데, 그들의 음악은 좀 평면적이에요. 비슷한 고조로 진행되는 음악이고, 노이즈로 표현하는 것이 추상화와 비슷하다고 얘기했죠. 또 "좋은 작가가 뭐라고 생각하느냐?"라고 질문하셨어요. 제가 자소서에 적었던 책 중에 '달과 6펜스'가 있는데 그것을 말씀드렸어요. 극중 인물이 자기 예술적 성취에 심취해서 자기 주변 사람들을 모두 버리고 도망가는 얘기예요. 자기 예술적 성취도 중요하지만 그것에만 집중한다면 예술의 좋은 점을 활용하지 못하는 것이라 생각해요. 예술로 다른 사람한테도 긍정적인 에너지를 줄 수 있는 그런 작가가 되고 싶어요.

▶ 어려움을 극복한 사례

김정원(조소)_사물을 보고 똑같이 그리는 소묘는 어렸을 때부터 해왔으니까 자신도 있고 할만하다 싶었는데, 3학년 올라가서 서울대 준비를 하면서 어려움을 겪었어요. 서울대는 정물이 안 나오고, 문제들이 대부분 상상해서 하는 거라 그런 것에 취약했거든요. 주어지는 것 없이 알아서 그리라고 하면 우왕좌왕했었어요. 어떻게 생겼는지 기억이 안나더라고요. 보지 않고 그리기

위해서 그냥 길거리를 다니더라도 하나하나 기억하려고 노력했어요. 사물의 재밌는 면을 기억하려고 했고 안보고 그리는 연습을 했어요.

송혜원(디자인)_이건 미대입시생이나 예고생이 많이 겪는 일인 것 같은데, 다들 처음 그림이 좋아서 미술대학에 가려고 하잖아요. 나 자신이 좋아해서 시작한 건데, 고등학교에 와보니 어느새 내 그림에 순위가 매겨지고, 등급이 나오고 합격과 불합격이 되고 결국 남이 좋아하는 그림을 그려야 해요. 내 생각대로 그리면 안 될 것 같은 생각이 들고요. 그래서 갈등을 겪는 애들을 많이 봤어요. 전 그래서 취미미술에 더 집착하기도 했어요. 제가 좋아하는 그림이나 일러스트를 찾아보면서 좋아하는 것을 잊지 않으려고 한 것 같아요. 입시기간이 길기 때문에 정신건강이 중요한 것 같아요.

장은담(서양화)_처음에는 정물을 그리다가 서울대 기초소양실기를 준비하면서 남들이 나보고 뭘 잘하냐고 물으면 내가 뭘 잘하는지 모를 때가 많았어요. 서울대 시험에 틀이 없어서 더 그랬던 것 같아요. 그래서 자괴감이 들고 자신감이 없어지는데, 그 순간 가장 많이 배우는 것 같아요. 내가 계속 내 그림을 찾으려고 노력하다 보니까 더 도움이 되는 것 같기도 하고요. 그래서 기초소양실기를 준비하는 게 그런 면에서 대학을 가든 안가든 자신에게는 좋은 영향을 주는 것 같아요.

〈송혜원 재현작〉

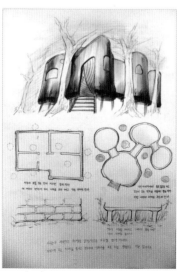

▶ 서울대 실기를 준비하는 후배들에게

김정원(조소)_실기 시험을 볼 때 심사위원이 원하는 것과 문제의도를 파악해야 해요. 문제를 해석할 때 너무 멀리가지 않았으면 해요. 다들 자기만의 해석을 할 수도 있지만 심사위원들이 그게 뭔지 몰라서 점수를 못받으면 끝인 거잖아요. 그리고 친구 작품을 따라하지 않았으면 좋겠어요. 따라함을 받는 사람도 스트레스고, 따라하는 걸 보는 선생님도 스트레스예요. 따라하는 사람이 망하는 경우가 많아요. 자기 그림이 아니니까요.

송혜원(디자인)_1차 기초소양실기에 지원한 학생이 1000명이 넘었어요. 전 그 중에 '점'이었어요. 그리고 시험 당일 장소(킨텍스)가 워낙 거대해서 나도 모르게 압도당해요. 내 자리로 걸어가는 데만 해도 한참이 걸렸거든요. 숫자에 압도되지 말고, 주변 의식을 하지 않았으면 해요. 어떤 친구는 계속 옆을 보면서 심하게 의식을 하더라고요. 그런데 남의 것을 보면 저게 답이고 내 것이 틀린 게 아닐까 하는 압박이 들어요. 기초소양실기는

정해진 답이 없다고 하기도 했고 주변에 너무 영향을 받지 않고 자신의 것을 확실히 표현했으면 좋겠어요. 그리고 틀을 만들지 않는 것이 중요한 것 같아요.

김휘원(동양화)_저는 2차 시험 볼 때 문제에 '수묵'으로 그리라고 되어 있는데, 그걸 못보고 당연히 수묵담채이겠거니 생각하고 그리고 있었는데, 다들 먹으로만 그리는 거예요. 그래서 다들 먹을 잘 쓰나보다라고 생각했는데 뭔가 이상해서 문제를 다시 봤더니 수묵으로 그리라고 되어 있는 것을 봤죠. 그래서 황급히 다시 그렸는데, 문제를 제대로 못봤으면 떨어졌을지도 모르겠어요.

장은담(서양화)_문제에 심사하는 관점이 적혀 있으니까, 그것을 보면 심사위원이 무엇을 원하는지 알 수 있어요. 기초소양준비하면서 스트레스를 너무 많이 받았는데, 시험에서는 욕심을 버리고 내가 하고 싶은 대로 하고 후회없이 그리고 나오면 떨어져도 영향이 없을 것 같아요.

성균관대학교 디자인학과 합격생 간담회

김효진
▶세부전공 : 써피스디자인전공
▶출신고교 : 인창고등학교
▶내신성적 : 4.3등급
▶수능성적 : 국어A 1등급 /
  영어A 2등급

차혜영
▶세부전공 : 시각디자인전공
▶출신고교 : 고양외국어고등학교
▶내신성적 : 약 3~4등급
▶수능성적 : 국어B 3등급 /
  영어B 3등급

장은정
▶세부전공 : 써피스디자인전공
▶출신고교 : 영신여자고등학교
▶내신성적 : 5등급
▶수능성적 : (표준점수)
  국어A 132점 / 영어A 130점

김세영
▶세부전공 : 시각디자인전공
▶ 출신고교 : 우성고등학교
▶내신성적 : 6등급
▶수능성적 : (표준점수)
  국어A 121점 / 영어A 130점

차혜영 평소작 및 재현작

▶ 14학번 새내기가 된 걸 진심으로
축하합니다. 성균관대 디자인학과를
선택하게 된 계기는 무엇인가요?

세영_재수를 해서 우리 학교에 들어왔는데, 고등학교
때부터 일러스트나 영상 쪽에 관심이 많았어요. 관련
분야로 가기 위해서 어떤 전공을 해야 하나 찾아보던
중 시각디자인전공이 딱이다 싶었죠. 다양한 부문을 폭
넓게 배울 수 있거든요. 학교는 딱히 생각해보지는 않
았는데요, 성적이랑 제 실기 스타일을 고려해서 상담한
후에 우리 학교를 지원하게 됐어요.
혜영_졸업하면 아동용 3D 애니메이션을 할 거예요. 꿈
이 어느 정도 뚜렷하다 보니까 시각디자인전공이 아니
면 지원하지 않겠다고 마음먹었죠. 시각디자인을 배울
수 있는 다른 여러 학교를 지원하긴 했는데요, 성균관
대 쪽으로 진학하는 게 좋을 듯했어요. 네임 밸류가 있
잖아요.(웃음)
은정_저는 공간디자인, 영화미술 쪽에 관심이 많거든
요. 그런데 고3 때 성적에 맞춰서 관심 분야랑 전혀 다
른 학과에 들어간 거예요. 그때 참 힘들었어요. 결국 반
수를 결심했고, 미대입시라는 게 돈이 많이 들어가니까
어차피 할 거 하고 싶은 걸 하자 해서 우리 학교 써피스
디자인전공을 선택했어요. 원래 공간디자인을 배우러
성균관대에 오고 싶었거든요.
효진_여기저기 대학교 홈페이지를 둘러보다가 성균관

대 써피스디자인전공 학과소개를 봤어요. 커리큘럼이
나 진학방향 그런 것들을 봤는데 제가 하고 싶은 게 있
는 거예요. 가방이나 섬유 쪽에 관심 있었는데 성균관
대가 딱 맞는 커리큘럼이었어요. 〈나군〉, 〈다군〉에 붙
어도 꼭 성대 와야지 하고 목표를 잡았습니다.

▶ 실기 종목이 바뀌었잖아요.
나름대로 성균관대를 목표로 했는데
어떻게 포커스를 맞췄는지 궁금하네요.

세영_어떤 실기가 나올지 굉장히 늦게 발표가 됐잖아
요. 그래서 딱히 맞춰서 준비를 할 수가 없었어요. 원래
〈발상과 표현〉을 중심으로 실기를 준비해 왔거든요. 우
선은 하던 대로 실기연습을 계속하다가 성균관대를 목
표로 잡으면서 기초실기소양평가에 맞춰 바꿨죠. 처음
에 시험 제목이 기초실기소양평가라고 들었을 때는 말
그대로 기초적인 걸 신경 쓰겠구나 생각했어요. 그래서
소묘 쪽에 초점을 두고 주력했죠. 거기다가 저만의 아
이디어를 넣으려고 그런 식으로 풀려고 노력했어요.
혜영_실기종목 변화에 대해서 말씀하신 대로 되게 늦게까
지 발표되지 않아서 〈기초디자인〉으로 실기를 계속 준비했
었어요. 기초실기소양평가에서 정밀묘사, 사고의 이미지
화 두 가지를 본다는 내용이 발표되고 나서는 아무래도 소
묘 쪽에 변별력이 있지 않을까 생각했어요. 디자인은 다들
형식도 다르고 정확하게 정해진 틀이 없었기 때문이에요.

김효진 평소작

고3 초기에는 소묘랑 기초디자인을 계속 같이 준비했죠. 중간에 소묘 비중을 많이 늘렸던 것 같아요. 소묘가 모든 것의 기본이라고 하잖아요. 입시유형이 바뀌어도 소묘를 잘하면 대응할 수 있을 거라고 생각한 거예요. 디자인 쪽은 크게 바꾸지 않고 오랜 시간을 투자하지 않았어요. 입시를 앞둔 마지막 시기에 디자인 분야에 주력해 사고의 이미지화를 준비했어요.

▶ 성균관대는 성적도 중요하죠.
내신, 수능 관리는 어떻게 했나요?
특별한 노하우가 있다면 알려주세요.

혜영_외국어고 출신이라서 내신관리가 힘들었기 때문에 미술시작 후에는 수능에 더 집중했어요. 국어는 최대한 작품을 많이 살펴보고, 매일 비문학 세 지문씩 푸는 연습을 했습니다. 수학은 개념을 제가 따로 정리한 책이 있었고, 문제를 엄청 많이 풀었어요. 노트에 풀고 틀리면 포스트잇으로 오답이랑 관련 개념을 정리했고요. 영어는 시간 안에 푸는 연습을 많이 하고 취약한 유형을 알아내서 공부했어요. 그리고 지문을 읽으면서 바로바로 머리에서 해석할 수 있는 훈련을 하고요. 수능 직전에는 봉투모의고사로 매일 연습했어요.
효진_내신이 그렇게 뛰어나지 않다는 걸 알고 일찌감치 내신에 목숨을 거는 일은 버렸습니다. 그 대신에 수능과 실기에 더 비중을 두었죠. 그렇다고 내신을 아예 포기하게 되면 그것도 점수에 영향을 주기 때문에 5등급 밑으로 내려가지 않도록 노력했습니다.

내신이 높은 학생이라면 내신으로 가는 게 훨씬 유리하고 내신이 별로 좋지 않거나 그냥 중위권 정도라면 유지하는 정도로만 하고 실기와 수능에 비중을 더 두는 게 좋을 거라고 생각해요. 수능준비는 정말 EBS 교재가 중요한 것 같아요. 어떤 과목이든지 EBS 교재로 공부했고 과목 속에서 자기가 취약한 부분(예를 들어 국어과목 속의 비문학) 또한 EBS에서 찾아서 들었답니다. 문학에서 시의 경우는 똑같은 시가 예문으로 나오기 때문에 '하루에 몇 개씩 공부하자' 그런 식으로 공부했습니다. 기계적으로 계속 보게 되면 나중에 시험에서 보게 되더라도 당황하지 않더라고요.

▶ 성균관대는 고사장을 공개하지 않죠.
고사장에 들어갔을 때 느꼈던 점,
분위기에 대해서 얘기해 주세요.

효진_저는 처음에 고사장 앞에서 기다렸던 순간이 생생하네요. 시험 시작 전까지 문을 안 열어주거든요. 우리 학과에서는 20명을 뽑잖아요. 그런데 190명인가 와서 경쟁률이 7~8대1이었죠. 고사장 앞에 서서 시험을 기다리는 학생들 중에서 스무 명을 세어 봤어요. 너무 적은 거예요. 갑자기 한껏 긴장했죠. 손이 덜덜 떨렸어요. 시험장 안 자리는 좋았어요. 책상 두 개를 붙여둔 자리를 혼자 쓸 수 있게 해줘서 넓은 공간에서 편하게 그림을 그릴 수 있었거든요.
혜영_선배님들이 새벽부터 나와서는 엘리베이터 앞에서 물을 나눠주면서 격려해주신 게 생각나요. 또 고사장 안에서는 주변 그림을 둘러보니까 아무 제시물에도 없는 글자를 엄청 크게 써놓은 사람 꽤 있는 거예요. 되게 잘 그리는 사람인데도 그런 실수를 하더라고요.
은정_제한사항에 '숫자랑 문자를 쓰지 마시오'라는 문구가 있었는데, 저는 연필에 쓰여 있는 글자를 다 썼단 말이에요. 연필을 사실묘사 해서 '내가 이 정도로 묘사할 줄 아는 애다'라는 걸 보여주고 싶어서 했는데, 시험 끝나고 친구가 "문자 쓰지 말라 그랬잖아" 그러는 거예요. 갑자기 당황해서 "나 이제 망했다고, 다군도 망했다고" 하며 망연자실 했죠. 학교에 전화해서 확인해본 결과 연필에 있는 건 괜찮다고 답변을 들었어요. 그리고는 다리가 풀려서 주저앉았죠. 제한사항, 주의사항을 꼼꼼히 살펴보고 챙겨야 해요.

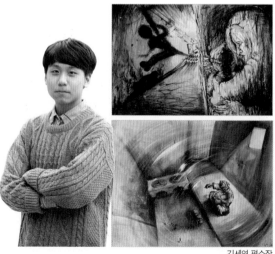

김세영 평소작

▶ 성균관대 디자인학과 입학을 희망하는 후배들에게 피가 되고 살이 될 조언, 격려의 한 마디를 부탁해요.

혜영_요즘에 입시가 많이 바뀌어서 당황스럽죠. 수능도 그렇고 실기도 그렇고. 그런 거에 너무 휘둘리지 말고 준비했으면 좋겠어요. 반영비율이 어떻게 변하든지 간에 실기가 중요한 건 변하지 않는 사실이니까요. 경쟁이 치열해지는 만큼 미대입시가 점점 어려워지겠지만 꾸준히 준비하길 바랄게요. 미대를 선택한 것 자체가 자신이 하고 싶어서 선택한 거니까 점수에 맞춰서 가는 것보다 자기가 하고 싶은 학과를 선택해서 준비하고 맞춰서 갔으면 좋겠어요.

세영_공부만 하는 애들에 비해서 예체능은 공부하고 실기 두 개를 모두 해야 하니까 꾸준히 하는 게 가장 좋은 거 같아요. 저는 슬럼프가 왔을 때 그냥 공부하기 싫으면 미술학원에 가고, 미술하기 싫으면 공부학원에 가고 했어요. 실패라는 걸 한번 경험하니까 아무래도 자기관리가 필요하다는 걸 알 것 같아요. 고3이 안 올 수는 없으니까 힘들겠지만 잘 준비하길 바라요. 그렇지 않으면 한 번 더 해야 하니까요.

은정_고3 때 성적 맞춰서 갔다가 망한 케이스라서 이걸 꼭 말하고 싶어요. 자기가 뭘 하고 싶은지 잘 선택해서 학교나 전공을 정했으면 해요. 그리고 이건 개인적으로 힘들었던 경험인데, 재수생이다 보니까 고3 학생들이 제 그림에 관심을 많이 가지거든요. 그거에 대해서 스스로의 압박감이 심했어요. 1년을 더 했으니까 그들보다 잘 그려야 한다, 지금부터 뒤처지면 못 따라간다 생각하면서 혼자 힘들었죠. 주위에서 칭찬을 해줘도 '내 그림 이상한데 왜 칭찬하지?' 의심하면서 짜증이 심해졌죠. 그때 선생님께서 "너는 네가 원하는 그림이 있다. 너만의 스타일이 있으니 그걸 강조해라. 자기 그림에 자신감을 갖는 게 중요하다"고 말씀해 주셨어요. 저는 잡지에서 본 그림을 그리고 싶어 했거든요. 그런데 그건 몇날며칠 그린 연구작이고 몇 시간 그려서는 못한다고 하셨어요. 주변 그림은 참고만 하면 된다는 말씀 듣고는 극복하게 됐어요.

효진_공부가 진짜 중요한 것 같아요. (일동 웃음) 실기에서는 자신감을 가지고 선생님 말씀 다 믿고 따르는 게 중요하고요. 슬럼프가 오지 않게 노력해야 해요. 슬럼프 오면 우울해지고 뭐든 하기 싫고 그렇거든요. 경쟁의식 같은 것보다는 지나친 욕심을 버리고 자기 잘난 맛에 살아야 한다고 생각해요. 물론 자만은 안 되지만요. 항상 선생님께서 말씀하셨어요. "너무 욕심이 많아서 니 그림에 만족하지 못한다"고. "오래 붙잡고 있는다고 좋은 그림이 아니다"라고요.

Tip 〈정밀묘사〉와 〈사고의 이미지화〉 시간 분배

효진_소묘 2시간 반, 디자인 2시간 20분 정도로 안배했어요. 그리고 마지막에 소묘를 보충했죠.

은정_저는 손이 빨라서 소묘를 빨리 끝내고 디자인에 들어갔는데, 디자인도 빨리 끝나서 시간이 많이 남았어요. 소묘 완성도를 더 높이는 데 나머지 시간을 썼어요.

혜영_소묘에 시간을 되게 짧게 쓰는 편이에요. 소묘는 미완성이어도 한 시간만 해요. 이후에 디자인을 먼저 완성한 다음 소묘를 마무리하죠.

세영_문제를 받고 처음에 30분 정도 소묘랑 디자인이랑 연결 지어서 구상했어요. 구상부터 소묘까지 3시간 정도로 안배했죠. 소묘를 하면서 디자인은 뭐할지 생각하고 곧바로 디자인 작업을 2시간 했어요.

장은정 평소작

이화여대 디자인학부
합격생 간담회

글 박세진 사진 권주용

한서윤
▶ 출신고교 : 정신여자고등학교
▶ 내신등급 : 3.5등급
▶ 수능점수 :
국어B 124점(2등급),
영어B 119점(3등급),
생활과 윤리 62점(2등급),
윤리와 사상 60점(3등급)

어다연
▶ 출신고교 : 진선여자고등학교
▶ 내신등급 : 2등급
▶ 수능점수 :
국어A 120점(3등급),
영어B 127점(2등급),
생활과 윤리 67점(1등급),
한국사 63점(2등급)

황윤나
▶ 출신고교 : 보평고등학교
▶ 내신등급 : 2등급
▶ 수능점수 :
국어B 116점(4등급),
영어B 130점(1등급),
한국사 62점(2등급)

〈2014학년도 정시모집 출제문제〉

학부(학과/전공)	실기종목	출제문제
디자인학부	드로잉 (인체를 포함한 모든 사물) [3절/4시간]	레고블록으로 집짓기 놀이를 하는 엄마와 아이의 양손 – 손 4개를 팔꿈치 밑으로 그릴 것 – 블록 개수 자유, 종이는 가로, 공간구성 평면구성 자유, 레고블록 사람모형은 한 개 이상 넣을 것

▶ 이화여대 디자인학부는 2014학년도부터 실기Ⅱ를 없애고 드로잉만으로 평가를 했습니다. 실기를 준비할 때 어떤 부분에 포커스를 맞추고 했나요.

황윤나_학원에서 선생님이 실기에서는 기본이 제일 중요하다고 하셨어요. 엄청 잘 그리는 것보다 손을 손같이 그리고, 주어진 물체를 그 물체처럼 보이는 대로 그리는 것이 중요하다고. 저는 고등학교 3학년 4월에 입시 실기를 시작해서 준비가 늦은 편이었어요. 그래서 시간이 많이 부족했어요. 공부와 실기 모두 잘해야 하는데 시간이 한정되어 있잖아요. 그림을 많이 그리고 싶어도 학교에 있어야 하는 시간이 많으니까, 그 대안으로 그림을 많이 봤어요. 학원에 있는 그림들을 사진으로 찍어서 이동시간에 자주 봤어요.

어다연_저도 비슷해요. 인체는 보이는 대로 똑같이 그리려고 했고, 문제가 어떻게 나올지 모르니까 다양하게 연습해봤던 것 같아요. 전에 나왔던 문제들을 다시 응용해서 다르게 그려보기도 하고, 새로운 시도도 해보고요. 또 그림을 사진으로 찍어서 확대해서 보거나 선생님의 그림도 많이 봤어요. 그리고 선생님이 지적해주신 부분을 수첩에 메모해서 집에 갈 때 계속 읽으면서 기억하려고 했어요.
한서윤_학원 선생님이 시범을 많이 보여주셨는데, 그 부분을 동영상으로 찍어서 계속 보면서 따라 그리는 식으로 연습했어요. 그림도 많이 보여주셔서 다양한 그림들을 참고할 수 있었어요.

한서윤_평소작

한서윤_평소작

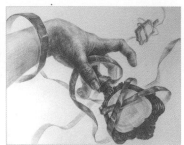
한서윤_평소작

한서윤_재현작

▶ 시험장에서 문제를 받았을 때 어떤 생각이 들었나요. 또 그 문제를 어떻게 풀어나갔나요.

황윤나_시험 전날 선생님이 '어떤 문제가 나와도 당황하지 말라' 고 조언해주셔서 계속 그 말을 생각했어요. 그런데 문제를 받고 좀 당황할 수밖에 없었어요. 학원에서 연습할 때는 손을 많이 그려도 2개 정도 그렸는데, 문제에서는 총 4개의 손을 그려야 했기 때문이에요. 그렇지만 선생님 말씀이 다시 생각나서 당황하지 말고 열심히 하자고 마음먹었어요. 또 선생님이 '잘 그리려고 하지 말라. 놓치는 것 없이 기본을 잘 지켜서 하고 하던 대로 하라' 고 하셨거든요. 같은 고사장에 있는 애들이 문제를 받자마자 바로 그리는 거예요. 그래서 저도 바로 그렸는데 그 순간 '먼저 생각하고 그리라' 는 선생님 말씀이 생각나서 지우고 다시 그렸어요. 배치나 전체적인 모양에 대해서 5분 정도 생각한 다음 그리기 시작했어요.

어다연_선생님이 제게 '너는 잘하려고 하지 말고 열심히 하고 와라' 라고 하셨어요. 저도 평소처럼 그리려고 했고, 시험문제를 받고 앉아서 10분 정도 생각한 것 같아요. 구도를 짜고, 종이에 대략적인 크기나 위치를 그려보고 이상하면 지우고 다시 해보는 식으로 했어요. 구도 짜는 게 중요하기 때문에 신중하게 생각했던 것 같아요. 그리고 제한시간이 4시간이면 그 4시간을 분배해서 시간을 맞춰서 하려고 했어요. 연습도 그렇게 해왔고요. 손 4개 다 잘 그리려고 하기보다는 한쪽에 초점에 두고 다른 쪽은 손가락을 숨겨서 시간 안에 효율적으로 그리려고 했어요.

한서윤_저는 실기 준비할 때 손을 준비하다가, 막판에는 손이 안 나올 때가 됐다고 해서 물체 위주로 연습을 많이 했어요. 그래서 마지막에는 손을 안 그려보고 시험장에 갔어요. 그런데 손이 나와서 너무 당황했던 기억이 있어요. 그렇지만 손을 안 그려본 것도 아니고, 많이 그려봤으니까 열

심히 그렸어요. 그리고 저는 생각을 많이 한 편이에요. 손을 4개나 그려야 하니까 시간 안에 어떻게 하면 다 그릴 수 있을까. 주가 되는 부분과 부가 되는 부분의 구분을 확실하게 해서 주는 힘을 주고 부는 적게 그리는 식으로 했어요.

▶ 이화여대 실기를 위해 개인적으로 노력한 부분이 있다면요.

한서윤_제 손은 그리기가 별로 좋지 않아서 어머니의 손을 찍어서 보고 따라 그리는 연습을 많이 했어요. 어머니 손이 굴곡이 있고 그릴 부분이 많았거든요. 주변 사람들 손도 찍고, 사진도 찾아보면서 다양한 손을 연습했어요. 입시는 고등학교 2학년 때 시작했는데요, 원래 사고의 전환을 하다가, 선생님께서 이화여대 소묘를 추천해 주셔서 시작하게 되었어요. 그런데 소묘는 금방 실력이 늘지 않아서 굉장히 힘들었어요. 그렇지만 선생님이 시범도 많이 보여주시고 부담 갖지 말라고 잘 이끌어주셔서 도움이 많이 되었어요.
황윤나_저는 제가 좋아하는 남자 연예인을 그렸어요. 좋아하는 사람을 그리는 거라 열심히 하게 되더라고요. (고등학교 3학년 4월에 실기를 시작했다고 했는데, 시기적으로 많이 늦지 않았나요?) 원래 초등학교 때부터 미술을 좋아하긴 했어요. 미술학원도 다녔고요. 주변에서 예술중학교에 진학하라고 많이들 권유했는데, 부모님의 반대가 너무 심했

어다연_평소작

어다연_평소작

어다연_평소작

어다연_재현작

어요. 중학교 때도 미술을 하고 싶었는데, 계속 반대하셔서서 할 수가 없었어요. 고등학교 1학년 때 담임선생님이 중학교 때 저를 가르치던 선생님이셨는데, 제 이름으로 어느 미술대회 참가를 신청하신 거예요. 대회에서 대상을 받게 되었고 (대상 수상으로) 엄마가 좀 당황하신 것 같아요. 그때부터 조금씩 흔들리다가 고등학교 2학년 때 미술선생님이 엄마한테 연락해서 진지하게 말씀드린 것 같아요.

어다연_저는 중학교 1학년 때 미술을 시작했어요. 그때는 행복하게 그림만 그렸어요. 그런데 예고시험에서 떨어진 거예요. 평소에 똑바로 세워진 석고상만 그렸었는데, 그 당시 문제가 석고상이 엎어져서 나와서 당황했던 거죠. 패닉이 와서 그림을 제대로 못 그렸어요. 예고 떨어진 충격으로 고등학교 때 정말 열심히 한 것 같아요. 지금 와서 생각해보면 잘 떨어진 것 같아요.(웃음)

▶ 이화여대는 내신이나 수능성적도 중요하죠. 성적관리는 어떻게 했는지, 특별한 노하우가 있다면 알려주세요.

황윤나_제가 다닌 학교는 12시까지 야간자율학습이 있었어요. 저는 미술학원을 주말(금·토·일요일)에 몰아서 다니고 평일에는 학교에서 야자를 했어요. 주말은 10시에 학원이 끝나면 10시 반에 학교에 가서 12시까지 공부했어요.

영어 성적이 잘 안 올라서 고민했었어요. 고2 때까지는 잘했었는데, 고3 때 A, B형 나뉘면서 등급이 심하게 떨어졌어요. B형을 봤는데, 9월에는 4등급까지 떨어지더라고요. 이런 성적으로는 이화여대를 못갈 거라고 걱정됐지만 꾸준히 공부했어요. 그리고 무작정 공부하기보다 무엇을 틀렸는지 보고, 부족한 점을 확실히 제대로 짚고 넘어가는 게 중요한 것 같아요. 그렇게 하지 않으면 막막해서 할 것이 많이 보이는데, 막상 부족한 점을 분석해보면 할 게 그렇게 많지 않아요. 이런 식으로 꾸준히 공부해서 수능 때는 많이 올랐던 것 같아요.

어다연_내신은 수업시간에 배운 것을 쉬는 시간에 바로 복습하면서 자투리 시간을 많이 활용했어요. 점심시간에도 계속 공부하면서 교실에서 잘 안 나가고 책상에 붙어 있었죠. 내용이 체화될 때까지 계속 반복해서 암기하면 되는 것 같아요. 수능공부는 미술학원과 병행하면서 꾸준히 하는데 중점을 뒀어요. 평일에 학원에 가서 그림을 그리고, 10시에 학원 끝나면 1시 반까지 독서실에서 공부했어요. 그리고 아침 6시 반까지 학교에 가서 정해놓은 것들(비문학 문제 몇 개, 영어 빈칸 몇 개 등)을 풀었어요. 고등학교 3학년 3월까지는 영어, 국어 학원을 다녔었는데, 학원은 많은 아이들을 대상을 두루두루 가르치니까 내가 부족한 부분에 대해서만 집중적으로 할 수 없는 게 아쉬웠어요. 그래서 학원을 그만두고 내가 부족한 부분, 영어 빈칸 문제와 국어 비문학을 집중적으로 반복적으로 풀었어요. 사회탐구는 많이 반복해서 보면 1등급을 받을 수 있는 과목인 것 같아요.

한서윤_저는 계획적인 성격이 아니어서 그냥 내가 잘하고 하고 싶은 과목만 열심히 한 편이에요. 수리는 거의 안했고요. 공부나 실기를 하나만 하면 지겨워서 항상 균형을 맞춰서 하려고 했어요. 하나만 계속하면 능률이 안 나더라고요. 그래서 미술학원에 매일 가려고 노력했고, 수능공부는 EBS와 기출문제위주로 엄청 봤던 것 같아요.

황윤나_평소작   황윤나_평소작   황윤나_평소작

황윤나_재현작

▶ 자신의 어떤 점 때문에 합격을 한 것 같나요.

황윤나_구도를 재밌게 짰다는 얘기를 많이 들었어요. 레고블록으로 집짓기 놀이하는 장면을 그리는 건데 레고인형을 많이 그렸어요. 그런 부분들이 재밌게 평가를 받은 것 같아요.

어다연_저는 평소 학원에서 밀도가 높다는 얘기를 많이 들었어요. 그게 내 강점이니까 그것을 활용해서 시험장에서도 밀도 높게 강하게 그렸던 것 같아요. 그리고 손 4개 중에 하나만 멀쩡하게 그리고 나머지는 잘 안보이거나 가려지게 해서 그림을 볼 때 전체적으로 집중이 됐던 것 같아요. 배경은 안 그린 사람도 많은데 저는 배경에도 신경을 썼어요. 가장자리를 많이 눌러서 가운데와 대비되니까 밝게 잘 보였던 것 같아요.

한서윤_작년에 붙은 제 친구들을 생각해보니 굉장히 밀도가 높은 그림은 아니었고, 부드럽고 기본적인 것을 잘하는, 깔끔하게 그리는 친구들이었어요. 그런 것을 계속 기억하면서 욕심 부리지 말고, 어차피 능력이 안 되니까 깔끔하게 그리자고 마음먹었죠. 배경을 최대한 깔끔하게 하고 계속 지우면서 경계도 명확하게 정리를 잘하려고 노력했어요. 그 점을 교수님들께서 잘 봐주신 게 아닌가 생각해요.

▶ 이화여대에 입학하고자 하는 후배들에게 조언 부탁해요.

황윤나_시험장에서 다른 사람의 그림을 안 봤으면 좋겠어요. (다른 사람의 그림이 눈에 들어오나요?) 정말 가까워요. 다 보이는데, 일부러 안 보려고 했어요. 잘하는 그림을 보게 되면 자신감이 떨어질 것 같고, 못하는 그림을

봐도 자만하게 될 수 있을 것 같아서 절대 안 봤어요. 그리고 분위기에 흔들리지 않길 바라요. 저는 수시에서 서울대를 지원했는데, 이화여대 실기 준비할 때 서울대 최종발표가 났어요. 최저등급 1등급이 모자라서 떨어졌죠. 그래서 주변 사람들이 이번에 윤나 충격이 너무 커서 정시도 다 떨어질 것 같다고 얘기했었어요. 그렇지만 저는 긍정적으로 생각하려고 했기 때문에 잘 떨쳐낼 수 있었던 것 같아요.

어다연_이화여대 실기에 대해서는 기본에 충실하고, 뼈대 있는 그림, 골격이 잘 드러나는 그림을 그린다는 생각이면 좋을 것 같아요. 그리고 무작정 그리기보다는 전체를 생각하고 분위기를 맞춰서 자연스럽게 그리면 좋을 것 같아요. 그리고 생각보다 실력이 잘 안 늘어요. 실력은 계단식으로 는다고 하는데, 하다가 벽을 만나면 그게 잘 안 깨져요. 나는 매일 열심히 하는데 매일 같은 지적을 듣고, 생각하고 그렸는데 이상하다고 그래요. 근데 열심히 하는 것 말고는 할 수 있는 게 없잖아요. 우울하지만 다시 일어서서 그냥 그리자고 마음먹는 거죠. 포기하지 않고 계속 그리면 늘게 되어 있는 것 같아요.

한서윤_그림 그릴 때 무조건 완성을 시킨다는 마음으로 했으면 좋겠어요. 이거 하나가 너무 재밌어서 딴 것을 못하는 경우가 생겨요. 저는 이것저것 벌려놓고 맞춰가는 형식으로 하는데 퀄리티가 떨어져도 완성하는 게 제일 중요한 것 같아요.

한국예술종합학교 조형예술과 합격생 간담회

글 김동대 사진 권주용

정태영
▶출신고교 : 중산고등학교
▶내신등급 : 2.1
▶응시전형 : 일반학생전형

김규상
▶출신고교 :
중앙대학교사범대학
부속고등학교
▶내신등급 : 3.5
▶응시전형 : 일반학생전형

〈조형예술과 입시내용〉

입시 시기	전형	구분		시험내용 및 평가방법	배점
11월	일반	1차	실기	제시된 문제를 조건에 의하여 표현하기 – 기본적인 표현력과 사고력 평가(4시간)	40
				언어능력평가	25
				영어	25
				고교 내신성적	10
		2차	심층 실기	3일간 3개의 과제를 진행하여 결과물과 제작과정 평가	100
				반영비율 : 과제1 30%+과제2 30%+과제3 40%	
				토론과 질의응답이 포함될 수 있음	
			제출물	자기소개서, 포트폴리오(참고 자료로만 활용하고 점수화하지 않음)	

〈한국예술종합학교 전형일정〉

전형유형	모집시기	원서접수	1차 시험	2차 시험	합격자 발표
정원 내	8월 입시(무대미술/애니메이션)	2014. 6. 30~7. 3	2014. 8. 4~8. 6	2014. 8. 13~8. 19	2013. 8. 22
	11월 입시(미술원)	2014. 10. 13~10. 16	2014. 11. 17~11. 27	2014. 12. 5~12. 11	2014. 12. 16

*한예종 합격생들의 입시 준비에 대한 더욱 자세한 내용은 《미대입시》 2014년 5월호에 실렸으니 참고 바랍니다.

▶ 필답 시험(영어, 언어능력평가) 준비

김규상_한예종 필답 시험은 중요해요. 실기 시험 다음으로 반영비율이 높잖아요. 그래서 많은 수험생들이 따로 필답 시험을 위한 공부를 한다고 생각할 수 있는데 의외로 그렇지 않아요. 한예종을 같이 준비했던 제 친구들은 수능 준비를 하면서 자연스럽게 국어와 영어실력을 쌓았어요. 저도 수능 전까진 수능에 집중했고요. 그 와중에 가끔 한예종 입시 기출문제를 가끔 들춰보는 정도로 대비를 했던 것 같아요. 물론 언어능력평가의 경우 예술과 문화에 대한 지문이 많이 출제되니까 거기에 대한 지식이 풍부하면 이점이 있어요. 그래서 미술, 영화, 음악과 관련된 책을 읽거나 거기에 대한 영상물, 강의 등을 듣는다면 많은 도움이 돼요.

정태영_저도 평소에 수능 준비를 열심히 했어요. 특히 영어는 정말 힘들게 공부했던 것 같아요. 그래서 영어보다는 언어능력평가가 문제더라고요. 수능에서도 국어 시험을 보면 노력한 거에 비해서 점수가 너무 낮았거든요. 처음엔 한예종 입시에 실패했어요. 이후엔 일단 다른 학교에 입학해서 재수를 하는 형태로 한예종 입시를 다시 준비했어요. 소위 '반수'를 한 것이죠. 거기서 인문학과 관련된 교양 수업을 자주 들었는데 철학, 사회, 문학과 관련된 여러 책을 읽고 사람들과 토론하면서 정말 재미있다고 생각했어요. 그렇게 인문학에 푹 빠져 지내는 사이 저도 모르게 언어 실력이 많이 좋아진 걸 느꼈어요.

▶ 실기 시험(1차, 2차)에 대하여

정태영_실기는 1차와 2차 시험으로 나뉘는데 1차 시험은 실기 문제만 출제하지만 2차 시험은 실기문제 출제 이외에도 토론이나 서술, 면접 등의 요소들이 함께 있어요. 그래서 2차 시험은 3개의 과제로 나뉘고 3일에 걸쳐서 치러져요. 보통은 2차 시험이 복잡하니까 그 시험을 가장 의식하게 되는데 제 경우엔 1차, 2차 시험의 구분이 큰 의미가 없다고 생각했어요. 한예종 실기 시험의 본질은 지금까지 내가 쌓아왔던 미술에 대한 경험, 지식, 감각들을 보여주는 건데 여기에 기술적으로 숙련되어야 할 요소는 없거든요.

1차 시험 때는 주어진 조건을 위반하지 않는 선에서 제 개성을 드러내려고 노력했어요. 출제된 지문과 사진을 보고 무엇에 중점을 두고 표현을 할 것인지 정한 다음엔 별로 고민하지 않고 작품을 완성해 나갔던 것 같아요. 1차 시험이 붙고 나서 2차 시험은 긴장하지 않고 마음을 편히 먹었어요. 1차의 연속이다 생각하고 욕심을 비우려고 노력했죠. 나다운 걸 보여주자는 원래 생각대로 입체 작업이나 면접도 재미있게 받아들였습니다.

김규상_저도 재수를 했는데 고3 때부터 계속 한예종 입시를 했었어요. 그렇게 겪고 나니까 실기적인 면에서 고3 때와 재수 때의 마음가짐에 차이가 있다는 것을 알겠더라고요. 시간이 지날수록 '소통'의 문제가 중요하다는 걸 알게 되었고 거기에 대한 고민을 했어요. 결국 내가 만든 작품의 의도를 다른 사람들에게도 전달할 수 있도록 개연성 있는 조형능력을 키워야겠다고 생각했어요.

1차 시험을 치를 때는 주의할 것들을 생각했어요. 일단 문제가 요구하는 것이 무엇인지 파악하고 거기에 맞출 생각을 먼저 하는 것이죠. 조건을 제시한다는 건 기본적으로 학생다운 성실함을 평가하는 것 같았거든요. 2차는 1차에서 했던 방식만 생각하면 안 됐어요. 단편적으로 문제를 해결하는데 초점을 두기보다 저의 인성과 경험, 작품의 접근 방식과 개연성 등을 종합적으로 생각했죠. 그래서 되도록 생각을 열어두고 다양한 가능성을 상상하면서 시험에 임했던 것 같아요.

1차	문제		사진 설명 : 아래 그림은 피에르 보나르가 1939년에 그린 유화이다. 보나르는 이 그림에서 자신의 집 테라스에 자리 잡은 테이블과 그 주위를 둘러싼 사람들의 모습을 배경의 풍경과 대비시키며 다양하고 풍부한 색채로 담아내고 있다. 그림을 잘 관찰하여 주어진 화지에 색종이로 자유롭게 표현하시오. (다수의 색종이가 주어짐)
	조건		① 수험표 스티커가 화지의 우측 하단에 오도록 하고, 그림이 화지의 테두리를 벗어나지 않도록 하시오. ② 원작 전체가 표현되도록 하시오. ③ 흑백 이미지를 색채로 전환하는 과정에서 원작을 그대로 재현하는 것이 아니라 자신의 관점이 드러나도록 하시오.
2차	1일차	문제	강의에서 제시된 여러 가지 공간 표현 방법을 참고하여 자신의 관점을 설명하고, 이를 A4용지 1장에 글로 설명하시오. 이 관점을 적용하여 지금 여러분이 있는 공간을 주어진 3절 켄트지에 묘사하시오.
	2일차	제시문	세계는 예측하기 힘든 일들로 가득하다. 매일같이 쏟아져 나오는 뉴스의 대부분은 우리가 예상하지 못했던 사건들이다. 세상에는 미래를 예견하는 능력을 가진 사람들도 있지만, 우리와 같은 평범한 사람들이 이처럼 변화무쌍한 세계에 대처하는 방법은 관찰과 경험을 통한 학습, 그리고 상상력에 의한 추론뿐이다. 밥을 먹지 않으면 배가 고프고, 겨울이 오면 추워진다는 것을 우리는 경험을 통해 알며, 이를 통해서 미래에 일어날 일을 예견하고 대비한다. 거대한 자연재해나 참혹한 전쟁, 충격적인 범죄와 같은 사건들이 우리의 집요한 관심을 끄는 것은, 다가올 미래를 예측하고 위험에 대비하기 위한 본능적인 반응이라 할 것이다. 우리는 오늘 상식적인 추론을 넘어가는 미래에 대한 예측을 시도해보려 한다. 우리는 초능력자나 무당과 같은 예지력이 아니라, 예술가로서 사물에 대한 예리한 관찰력과 상상력을 이용하여 이 일을 수행해야 한다. 최대한의 상상력을 발휘하여 어떤 사건의 전개를 예측하고, 그 상황을 함축적으로 보여주는 한 장면을 글과 그림으로 상세하게 서술하고 묘사하는 것이 이번 과제이다.
		문제	시험장 중앙에 있는 두 사람의 모습을 관찰하여, 앞으로 이들 사이에서 일어나게 될 어떤 일을 임의로 상상하시오. 그 상황을 함축해 보여주는 한 장면을 글과 그림으로 구체적으로 표현하시오.
			① 글쓰기(1시간) : 주어진 A4 용지 1장에 자신이 상상한 장면을 구체적으로 서술하시오. ② 그리기(5시간) : 주어진 3절 켄트지에 자신이 상상한 장면을 가능한 한 상세하게 그림으로 묘사하시오.
	3일차	문제	주어진 재료를 사용하여 자화상을 입체로 제작하시오.
		조건	① 자화상의 목표와 관점을 A4 용지 1장에 간략하게 설명하시오. ② 재료는 모두 사용해도 되고 일부만 사용해도 됨 ③ 단, 나무젓가락은 부러뜨리거나 자르는 등 원래 길이보다 짧게 사용할 수 없다. ④ 작품은 구조적으로 견고해야 함 ⑤ 작품의 크기는 주어진 도화지의 크기를 벗어나서는 안 된다.

정태영 포트폴리오

정태영 포트폴리오

정태영 평소작

정태영 포트폴리오

▶ 자기소개서

정태영_글을 쓰면서 저에 대해서 많이 생각했어요. 글을 쓰다 보니 내가 어떤 사람인지, 어떤 행동들을 할 때 어떤 이유로 하게 됐는지를 조금씩 깨달았어요. 그래서 많이 고쳐 쓰고 표현법도 저답게 쓰려고 노력했어요. 저는 논리적인 면보다는 감성적인 면이 있거든요. 그래서 은유와 인용을 자주 사용해서 썼어요.

김규상_평소에 길을 오가면서 사진 찍는 것을 좋아했어요. 왜 사진 찍는 것을 좋아할까? 어떤 관심을 갖고 찍을까? 라고 생각하면서 키워드를 떠올린 편이에요. 그 키워드를 중심으로 제가 기억나는 구체적인 사실이나 예시들을 사용해서 자기소개서를 풀어갔던 것 같아요.

▶ 포트폴리오

정태영_포트폴리오를 위한 작업은 따로 하지 않았어요. 그냥 제 작품을 만들었던 것 같아요. 그렇다고 전혀 신경을 쓰지 않은 것은 아니었고요. 1차 시험에서 자기가 만든 포트폴리오로 질문이 들어오기도 하거든요. 저한텐 그림이 그려진 순서에 대해서 질문이 있었어요.

김규상_일단 포트폴리오를 통일감 있게 구성하려고 노력했고 각각의 제작 의도를 숙지했어요. 그리고 자기소개서를 쓸 때나 면접을 준비할 때도 포트폴리오를 염두에 뒀어요. 그래야 제 작업 성향이 일관성을 가질 수 있다고 생각했습니다.

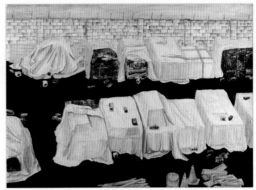

김규상 평소작

김규상 포트폴리오

▶ 면접

김규상_학생들 얘기를 많이 듣는 분위기였어요. 예를 들어 하나의 그림을 보여주고 '이 그림에서 궁금한 점이 있으면 말해주세요' 같은 질문들을 받았습니다. 물론 시간 제한은 있었어요. 그리고 실기 시험(1차, 2차)을 어떻게 받아들였는지도 물어봤고요.

정태영_제 경우엔 한예종 입시를 치러본 경험이 있어서 면접장은 어떤 느낌인지, 어떤 질문을 할지 어느 정도 예상하고 있었어요. 그래서 그렇게 굳이 긴장할 필요가 있을까 싶었어요. 그래서 마음을 편하게 먹고 평소에 내 작품에 대한 생각을 머릿속에 떠올리면서 질문에 차근차근 대답했던 것 같아요.

김규상 포트폴리오

▶ 한예종 입시를 준비하는 수험생에게 조언

정태영_제 주변에선 주류 문화를 맹목적으로 따르는 분위기가 있던 것 같아요. 그런데 자기 '취향'이라는 건 창작자에겐 무기와도 같다고 생각하거든요. 그게 없다면 어떤 주제로 작품을 할지, 어떤 작가가 될지를 생각할 때 수동적일 수밖에 없다고 생각해요.

김규상_자기가 하고 싶은 것을 찾았으면 그걸 끝까지 갖고 있었으면 좋겠어요. 그렇지 않으면 대학에 들어와서도 많이 방황하는 것 같아요. 입시 자체만을 위해서 입시를 준비하다 보면 쉽게 지치고 대학에 들어와서도 후회하기 마련이거든요. 그래서 자기가 정한 목적이 막연하더라도 끝까지 밀고 가다 보면 더 구체화될 수 있다는 걸 말하고 싶네요.

김규상 포트폴리오

合格生

강남
다비드
미술학원

김지인
합격대학 경희대 조소과
출신학원 강남 다비드 미술학원
출신고교 광양고
내신성적 6등급
수능성적 국어 4등급
　　　　영어 5등급
　　　　사탐 4등급/4등급

장병희
합격대학 국민대 입체미술전공
출신학원 강남 다비드 미술학원
출신고교 계원예고
내신성적 5등급
수능성적 국어 3등급
　　　　영어 2등급
　　　　사탐 4등급/5등급

신혜인
합격대학 이화여대 조소전공
출신학원 강남 다비드 미술학원
출신고교 숙명여고
내신성적 5~6등급
수능성적 국어B 4등급
　　　　영어B 4등급
　　　　윤리와 사상 3등급
　　　　한국사 5등급

신연우
합격대학 서울시립대 환경조각과
출신학원 강남 다비드 미술학원
출신고교 숙명여고
내신성적 5등급
수능성적 국어 3등급
　　　　영어 3등급
　　　　사탐 4등급/4등급

1 / 미술, 그리고 조소를 시작한 계기

김지인 ◈ 조소를 하기 전에 미술을 수채화로 먼저 배웠어요. 초등학교 2학년부터 수채화를 했었죠. 그러다 중학교 1학년 때 조소를 접하게 됐는데 입체를 다루는 게 좋아져서 그 이후로 조소만 했습니다.

장병희 ◈ 저는 중학교 때부터 예고 입시를 준비하면서 '미대입시'라는 틀을 어느 정도 알고 있었어요. 예고를 다니면서 디자인 실기를 준비했는데 그림이 잘 안 그려졌어요. 그래서 다른 실기를 찾다가 입체를 다루는 조소가 흥미가 생기더라고요. 한번 해보니까 정말 푹 빠져서 디자인 실기할 때보다 훨씬 집중해서 했던 거 같아요. 내가 직접 손으로 만진 무엇이 어떤 형상을 갖춘 작업물이 된다는 게 가장 재미있었어요.

신혜인 ◈ 고등학교 내내 디자인 입시를 준비했는데 지원한 모든 대학에 불합격하고 재수를 했어요. 그래서 조소는 디자인 실기에 대한 대안으로 재수 때 시작한 거예요. 디자인을 전공하고 싶어서 디자인 실기를 했지만 막상 실기 준비를 할 때는 좀 안 풀린다는 생각을 많이 했어요. 디자인 아이디어를 떠올리는 순발력, 창의력 같은 것들이 자신이 없었던 것 같아요. 그래서 디자인 말고 다른 걸 해보자 싶었는데 조소가 눈에 들어오더라고요. 사람을 만든다는 점도 좋았고 다른 걸 배운다는 생각에 깊게 빠져들었죠.

신연우 ◈ 부모님 두 분 다 미대, 조소과 출신이셨어요. 그런데 평소에는 미술을 전공해야겠다는 생각은 전혀 없었거든요. 그러다 고등학교 2학년 때 문득 대학을 어디로 갈까 하다가 미술대학이 가고 싶은 거예요. 그리고 '조소로 입학해야겠다는 결심을 했어요. 아마 미술을 해야겠다는 생각은 제 변덕이지만 실기로 조소를 해야겠다는 생각은 부모님의 영향이 있었던 것 같아요.

2 / 각자의 대학에 지원하게 된 과정

김지인 ◈ 입시 내내 어떤 대학을 가야겠다는 압박이 없었어요. 어느 대학에 가도 조소만 했으면 좋겠다고 생각하며 지냈던 것 같아요. 그래서 공부에 대한 압박도 느슨하게 방치했다가 성적이 많이 안 좋아진 거예요. 생각해보니 어느 대학엘 가더라도 일정 성적은 갖춰야 하잖아요. 그래서 최대한 성적 반영이 안 되는 대학을 찾아보다가 경희대를 알게 됐어요. 여기라면 실기력을 최대한 올리면 가능성이 있겠다는 생각이 들더라고요. 그래서 그 '가능성'만 가지고 경희대 준비를 시작했는데 실기 준비를 할수록 점점 진학하고 싶은 욕망이 커지더라고요. 원래는 경희대에 대해서 전혀 몰랐는데 나름의 방식으로 경희대를 알아보면서 목표 대학의 이미지를 구체적으로 그리기 시작했죠.

장병희 ◦ 딱히 국민대에 대한 자세한 정보를 알거나 특별한 관심은 없었어요. 주변에서 좋다고 말하고 저도 그런 평판에 끌렸던 것 같아요. 그리고 개인적으로 순수미술 계통의 조소보다는 디자인이 가미된 조소를 배우고 싶었거든요. 국민대 커리큘럼이 여러 디자인 툴을 다루는 수업이 많이 개설되어 있다고 들어서 더 가고 싶었어요.

신혜인 ◦ 처음에는 이화여대 진학을 전혀 생각하지 않고 있었어요. 여대에 대한 선입견이 있었거든요. 조소를 시작하면서 여러 대학을 고려해 봤는데 제 목표로 삼을 대학이 마땅치 않았어요. 그런데 이화여대 실기가 소묘와 조소를 함께 보더라고요. 조소를 하기 전까진 디자인을 했으니까 소묘력이 어느 정도 있었거든요. 그래서 이 부분을 살릴 수 있는 대학은 이화여대밖에 없다고 생각했어요. 다른 대학보다는 조금 더 합격할 가능성이 있지 않을까 싶어서 이화여대 진학을 목표로 삼았죠. 주변에서 이화여대의 실기 주안점을 알려주셨는데 일단 감점이 없고 군더더기 없는 그림이 좋은 평가를 받는다고 하더라고요. 색감이면 색감, 묘사력이면 묘사력, 이런 식으로 특징적인 장점을 보여주기보다, 전체적인 밸런스와 안정적인 형태, 구도가 중요하다고 들었어요. 그래서 이런 점들을 염두에 두고 실기를 준비했어요.

신연우 ◦ 저는 조소를 시작하면서부터 서울시립대를 가고 싶었어요. 주변 사람들로부터 서울시립대에 대한 좋은 인상을 받았거든요. 근데 처음 입시를 치른 고3 때에는 서울시립대를 합격할 실기력에는 못 미쳤던 것 같아요.

두 번째 입시를 치를 땐 제 실기력을 감안하고 성신여대와 서울시립대를 고민하게 됐어요. 원서 접수 시기가 되자 원장 선생님이 '네가 원하는 대로 해라'라고 하셨는데 또 떨어지면 안 될 거 같다는 두려움이 컸어요. 그래서 많이 망설였죠. 그래도 다시 서울시립대를 지원했어요. 그때부터 각오를 남다르게 먹었던 것 같아요. 실기시험을 2주 앞두고 정말 진심으로 실기에 전념했거든요. 그런데 마지막 3일 만에 작품이 정말 좋아진 거예요. 지금까지 선생님이 하라는 대로 계속 따

김지인의 평소작 >>>

라 하기만 했는데 따라만 하는 게 아니라 제 스타일을 적용해서 자기에게 맞는 작업순서를 찾는 게 정답이더라고요. '나만의 흐름'을 실기 막바지에 깨달은 거죠.

---

3 내가 생각하는 이 학원의 특성

김지인 ◈ 학원 분위기가 정말 좋았던 것 같아요. 원래 모든 학원들이 영리를 목적으로 하기 때문에 미술을 할 재목이 아닌 학생들도 무조건 학원생으로 받는 걸로 알고 있거든요. 그런데 이 학원은 그렇지 않았어요. 정말 하고자 하는 열정이 있는 학생들에게 '네가 원하는 대학에 갈 수 있는 공부 성적만 가져오면 실기는 책임지겠다'고 약속했어요.

장병희 ◈ 선생님들이 학생들에게 일방적으로 가르치는 것이 아니라 학생 스스로 깨우치게 만들려고 선생님들이 노력하시는 편이셨어요. 그래서 제 단점이 있으면 그걸 지적만 하는 게 아니라 하나씩 스스로 고쳐나갈 수 있도록 선생님들이 도와주셨어요. 그래서 실기를 재미있어 하는 편이 아니었는데 정말 재미있게 실기 준비를 했던 거 같아요.

신혜인 ◈ 선생님들이 정말 열심히 가르쳐 주셨어요. 다른 학원들도 마찬가지겠지만 이 학원은 정말 학생들을 배려한다는 태도가 느껴졌어요. 절대 무리해서 학생들 역량 이상의 대학 지원을 권유하지 않고 학생 본인의 의사를 존중해 주는 분위기였어요. 그래서 더욱 학생들이 선생님들을 믿고 의지했죠.

신연우 ◈ 학원을 다니면서 귀에 못이 박히게 들었던 말은 '절실함'이었거든요. 처음엔 그 말이 와 닿지 않았는데 선생님들이 저보다 열성을 다해 가르치는 모습을 보고 거기서 '절실함'을 배웠던 것 같아요. 그래서 선생님만 절실할 것이 아니라 나도 절실해야 한다는 마음이 생겼던 것 같아요.

---

4 자신이 속한 대학교 1학기를 다녀본 소감

김지인 ◈ 바쁘게 지낸 거 같아 지금은 뿌듯합니다. 1학년 때부터 그냥 노는 게 아니라 정말 다양한 것들을 경험했던 것 같아요. 경희대는 1학년이 '파운데이션 과정'이라고 해

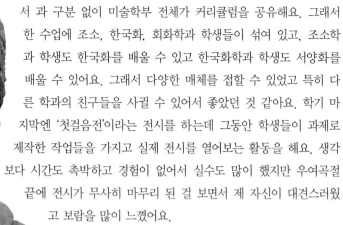

신혜인의
평소작 >>>

서 과 구분 없이 미술학부 전체가 커리큘럼을 공유해요. 그래서 한 수업에 조소, 한국화, 회화학과 학생들이 섞여 있고, 조소학과 학생도 한국화를 배울 수 있고 한국화학과 학생도 서양화를 배울 수 있어요. 그래서 다양한 매체를 접할 수 있었고 특히 다른 학과의 친구들을 사귈 수 있어서 좋았던 것 같아요. 학기 마지막엔 '첫걸음전'이라는 전시를 하는데 그동안 학생들이 과제로 제작한 작업들을 가지고 실제 전시를 열어보는 활동을 해요. 생각보다 시간도 촉박하고 경험이 없어서 실수도 많이 했지만 우여곡절 끝에 전시가 무사히 마무리 된 걸 보면서 제 자신이 대견스러웠고 보람을 많이 느꼈어요.

장병희 ◈ 조소를 배우는 학과다 보니 여러 재료를 다뤄보고 물성을 파악하는 수업이 가장 인상에 남는 것 같습니다. 그리고 전공 수업뿐만 아니라 회화, 컴퓨터, 기초 조형 연구 같이 제가 알지 못했던 영역들을 다루는 수업들이 흥미로웠어요. 학교 선배들과 교류할 기회도 있었는데 졸업 전시를 준비하는 시즌이면 4학년 선배들의 작업을 1학년이 도와주는 전통이 있어요. 저도 이번에 선배 한 분의 작업을 도와줬는데 저보다 큰 석고 작업을 하시는 거예요. 그래서 그걸 도우면서 선배에게 그 작업과 관련된 여러 이야기들, 그밖에 학교생활에 대한 정보들을 들을 수 있었어요. 어떤 때는 현역 작가로 활동하시는 분을 초청해 작가에 대한 강연을 듣게 됐는데 그것도 정말 좋았어요.

하지만 한 학기를 마쳤지만 대학교 맛만 본 거 같고, 아직도 뭘 해야 할지 궁금하고 막막해요. 그래도 대학교에 많은 선배들과 동기들을 알았고 같이 학교생활을 하다보면 제 물음에 어느 정도의 답을 얻을 수 있을 거라 생각합니다.

신혜인 ◈ 아직은 저도 이화여대에 대해서 많이 알고 있지는 않은 거 같아요. 학교에서 수업도 듣고 놀기도 했지만 지금까지 입시 때문에 놀지 못했다는 보상심리가 있어서 노는 쪽 시간이 더 많았던 것 같고, 워낙 많은 새로운 경험들, 정보들을 접하다 보니 정리가 안 된 점도 있어요. 다만 확실한 건 지금까지는 누군가 '너는 이걸 해야 해'라고 제가 할 일을 정해줬었다면 앞으로는 내가 해야 할 일을 타인이 정해주지 않을 거라는 거예요. 이제는 스스로 해야 할 일을 찾아야 할 시기인 거죠. 그걸 성실하게 수행하는 것도, 그 결과의 책임도 온전히 제 몫이고요. 앞으론 학교생활을 수동적인 태도로 하기보다 적극적으로 제가 할 수 있는 것들을 찾을 계획이에요.

신연우 ◈ 처음 대학교에 입학했을 때는 상상했던 캠퍼스 분위기와 달라서 실망했어요. 머릿속에서만 대학생활을 꿈꾸다가 실제로 대학생활을 해보니 그렇지 않았던 거죠. 캠퍼스도 그렇게 화려하지 않고, 놀기보단 과제가 우선이고, 처음엔 뭘 해야 할지도 막막

하잖아요. 그런데 전공 수업을 들으면서 굉장히 만족하고 있어요. 다양한 매체와 재료를 다룰 수 있고, 내가 만들고 싶은 것을 자유롭게 제작할 수 있으니까요. 그리고 수업 시설이 매우 좋고 교수님부터 선배들, 동기들이 정말 좋으신 분들이 많더라고요.

5 미대입시를
준비하는
수험생들에게 조언

김지인 ◉ 지금의 입시를 너무 무겁게 생각하지 않았으면 좋겠어요. 입시를 준비하는 중간 과정에서 실기에서든 공부에서든 대부분의 학생들이 실패를 경험하거든요. 그럴 때는 남들에 비해 자기가 뒤쳐진다고 생각하거나 이대로 하다간 대학에 가지 못할 거라는 부정적인 생각을 많이 해요. 근데 그런 생각들을 하다보면 의지도 꺾이게 되고 자존심도 많이 상하거든요. 그런 마음보다는 '내가 과정을 지나고 있으니까 결과가 좋다면 실패는 얼마든지 할 수 있다'는 가벼운 마음을 갖는 게 자신에게 더 유용하지 않을까요?

장병희 ◉ 계획적인 입시 생활을 했으면 좋겠어요. 물론 그러기 위해선 자기 분석이 가장 우선이겠죠. 자기 위치를 객관적으로 바라보고 앞으로 내가 무엇을 해야 할지, 얼마큼 해야 할지를 머릿속에 그려가면서 생활한다면 입시 준비가 한 층 더 수월하지 않을까 생각합니다.

신혜인 ◉ 입시 준비 때는 시험장에 가면 저보다 훨씬 잘 그리는 사람들이 가득할 줄 알았어요. 나보다 노력한 사람들, 경력이 많은 사람들, 재능을 가진 사람들 말이죠. 혼자서 연습할 때도 이런 사람들을 머릿속에 집어넣고 허상들과 싸우고 있었어요. 근데 실제 시험장을 경험해 보니 나와 비슷한 처지의 학생들로 가득하구나 싶었어요. 조금만 생각해 보면 되는 일인데, 혼자서 지레 겁먹었던 것 같아요. 다른 친구들은 저처럼 움츠러들지 않으면 좋겠어요.

신연우 ◉ 절실함을 갖는 게 정말 어려운 거 같아요. 아무리 자기 목표가 뚜렷하고, 내가 열심히 한다고 믿는다 해도 절실함이 없다면 자기 노력과 목표가 가짜가 될 수 있다고 봐요. 그게 착각일 수가 있잖아요. 자기가 원하는 진짜 목표, 진심이 담긴 노력이 가능하다면 저절로 절실함이 생길 거라 생각해요.

신연우의 평소작 ⟫⟫⟫

合格生

강남
돌직구
미술학원

최지원
합격대학 건국대 현대미술전공
출신학원 강남 돌직구 미술학원
출신고교 선화예고
수능성적 국어A 5등급
　　　　영어A 3등급
　　　　윤리와 사상 6등급
　　　　한국지리 7등

김도연
합격대학 한예종 무대미술과
출신학원 강남 돌직구 미술학원
출신고교 경기예고
내신성적 6등급

남보람
합격대학 건국대 현대미술전공
출신학원 강남 돌직구 미술학원
출신고교 광남고
수능성적 국어A 4등급
　　　　영어A 2등급
　　　　생활과 윤리 4등급
　　　　윤리와 사상 4등급

김시현
합격대학 성균관대 서양화전공
출신학원 강남 돌직구 미술학원
출신고교 경기예고
수능성적 국어A 3등급
　　　　영어A 1등급
　　　　생활과 윤리 4등급
　　　　한국지리 3등급

양창은
합격대학 이화여대 서양화전공
출신학원 강남 돌직구 미술학원
출신고교 덕원예고
내신성적 2등급

合格生

1 / 미대입시를 준비하면서 힘들었던 점

최지원 ◈ 저는 공부에 너무 흥미가 없어서 공부하는 게 싫었던 거지 그림을 그리는 것은 재밌게 했던 것 같아요. 그래서 입시 준비도 순차적으로 잘 해왔던 것 같아요. 그림 그리면서 슬럼프도 있긴 했지만 어렸을 때부터 미술을 해왔고, 지금까지 묵묵히 계속 그려온 것 같아요.

김도연 ◈ 그림 그리면서 힘든 점은 별로 없었어요. 선생님이 흥미를 잃지 않도록 제가 그리고 싶은 것을 그리게 잘 지도해 주셔서 재밌게 한 것 같아요. 반면에 공부할 때는 힘들었던 것 같아요.

남보람 ◈ 저는 스타일을 바꾸는 게 힘들었어요. 고등학교 때 회화하다가 디자인으로 바꿨고, 다시 또 회화로 바꿔서 그 과정이 힘들었어요. 회화와 달리 디자인은 책상에서 하는 거라 환경적인 요소도 다르고, 회화적인 것이 많이 없으니까 그런 점들에 유의해서 적응하는 것이 쉽지 않더라고요. 또 입시 막판에 바꿔서 더 힘들었던 것 같기도 해요.

김시현 ◈ 입시 준비할 때 학원에서 하루종일 앉아야 있어야 하니까 그것 자체가 힘들었어요. 그리고 시험을 얼마 남겨두지 않은 상태에서 그림이 안 늘고 예전으로 돌아가는 기분이 들어서 스트레스를 많이 받았어요.

양창은 ◈ 고등학교 때 조소과여서 조소 입시도 준비하고, 이화여대 소묘, 서울대 기초소양실기 등 여러 가지 종목을 같이 준비해야 하는 것이 힘들었어요.

2 / 실기 준비과정

최지원 ◈ 중학교 1학년 때부터 미술학원을 다니다가 중학교 2학년 때부터 입시를 본격적으로 준비했어요. 예고에 입학했고, 고등학교 3년 동안 계속 그림을 그렸어요. 또 같은 학원을 쭉 다녔고요. 그림에 있어서는 생각을 많이 하려고 했어요. 선생님한테 무조건

해달라고 안하고 시범을 보여주시는 그림이나 다양한 그림을 많이 참고해서 그것들을 나름대로 생각해서, 내 그림에 적용할 수 있게 하려고 했어요.

건국대 현대미술전공은 시험 종목이 인체잖아요. 인체는 고2 때 학교에서도 하고 학원에서도 많이 다져놨었어요. 사실 고3 때는 한예종과 이화여대 입시를 준비하느라 인체를 많이 연습하지 못했어요. 그렇지만 예전에 해놓았던 것이 어느 정도 쌓여 있어서 정시 때 건국대 실기를 준비하는 게 많이 어렵지는 않았던 것 같아요.

김도연 ◈ 2학년 때까지는 학교에서만 하다가 고3 올라가기 전 겨울방학 때 이 학원에 처음 왔어요. 여기가 첫 학원이었고, 갑자기 한예종 입시를 준비하게 되었어요. 처음에는 생각없이 입시그림에 치우쳐 있었는데, 한예종 입시를 준비하면서 그림에 내 생각을 담는 법을 배웠고 연습을 많이 했어요. 또 내 생각을 정리해서 말하는 것도 중요하기 때문에 그 부분도 신경을 썼고요.

남보람 ◈ 재수하면서 학원을 바꾸게 되었어요. 이 학원에 와서 전 학원과 그림 스타일이 너무 달라서 적응하는 게 힘들었는데, 그림을 사진으로 찍어서 매일 보고, 따라하려고 노력했어요. 건국대 인체실기는 시간이 다른 학교보다 한 시간 많기 때문에 대상을 똑같이 사실적으로 그리는 게 중요한 것 같아서 그 부분에 신경을 많이 써서 연습했어요.

김시현 ◈ 예고를 다녔기 때문에 1학년 때부터 학교에서 실기를 했었고, 실기 연습할 시간은 많았어요. 오히려 공부할 시간을 만드는 게 더 어려웠어요. 그래서 고3 중간 때까지 공부에 더 비중을 뒀고, 막판에 실기에 집중했어요.

양창은 ◈ 고등학교 처음 들어갈 때부터 이화여대 준비를 했어요. 공부에 자신이 없어서 수시로 가야겠다고 마음을 먹어서 소묘를 열심히 집중해서 했고요. 학교에서만 준비하다가 다른 학교 애들 그림도 보고 싶어서 고3 때 학원을 다니게 됐어요. 학교와 학원의 균형을 맞추면서 최대한 열심히 하려고 노력했던 것 같아요.

**자신이 생각하는
합격비결**

최지원 ◈ 건국대 인체수채화는 5시간 동안 그려요. 시간을 많이 주는 이유가 그만큼 관찰과 섬세함을 요구하는 것이라 생각했어요. 그래서 손을 빨리 놀려서 형태를 25분만에 뜬 다음 채색도 빨리하고, 남은 시간에는 출제된 대상의 세부적인 글씨나 질감까지 다 그렸어요. 머리카락, 속눈썹까지요. 그런 관찰력 때문에 좋은 평가를 받지 않았나 생각해요.

김도연 ◈ 한예종은 학생의 생각이나 가치관을 많이 본다고 생각했어요. 면접할 때 그림에 담긴 저만의 생각, 타당한 이유를 설명했어요. 면접에 대비하려면 그림을 그릴 때도 그림에 대해 어떻게 얘기할 것인지, 무슨 이야기를 할지 생각을 하면서 그리는 게 중요할 것이라고 생각해요.

남보람 ◈ 평소 연습할 때 20분 그리고 10분 쉬면서 했었어요. 건대 실기 때는 시간이 더 많았지만 더 빨리했기 때문에 여유가 많이 있었어요. 그래서 구체적으로 디테일한 것을 많이 그리고, 색연필도 사용하면서 완성도를 높이려고 한 것이 결과적으로 좋았던 것 같아요.

김시현 ◈ 손이 빠른 편이라서 완성도가 높게 나온 것 같아요. 사실 형태력이 좋은 편은 아니라서 형태가 잘 나왔는지는 모르겠지만 시험 날에는 잘 해낸 것 같아요.

양창은 ◈ 평소에 시간 날 때마다 틈틈이 계속 그림을 그리려고 노력했어요. 학교에서도 계속 그림을 그렸고, 선생님이 말해주신 고쳐야 할 점 등 그런 것들을 계속 기억하려고 했어요.

**학원에서 도움을
받은 것들**

양창은 ◈ 예고를 다녔기 때문에 학교에서도 그림을 그리고 도움을 많이 받았지만, 학원에서는 또 다른 관점에서 도움을 받았던 것 같아요. 학교와 학원에서 다양한 조언을 받으면서 그것들이 균형을 이루면서 제가 더 발전할 수 있었던 것 같아요.

김시현 ◈ 학원을 다니면 그림을 많이 볼 수 있는 것이 장점인 것 같아요. 또 이 근처에

최지원의 평소작 >>>

김도연의 평소작 >>>

양창은의 평소작 >>>

학원들이 많이 모여있기 때문에 더 그런 것 같기도 하고요. 그리고 학원 안에 여러 가지 스타일이 있으니까 다양하게 그림을 볼 수 있어서 좋았어요. 연합시험 보는 것도 다른 학원 그림을 볼 수 있어서 좋았고요. 그리고 제가 이 학원과 잘 맞아서 그림이 잘 늘었던 것 같기도 해요.

남보람 ◈ 여기 학원은 예고 애들이 많아서 그런지 스타일이 다 달라서 좋았고요. 강사선생님들의 그림도 다양해서 그만큼 학생들을 이해하는 폭이 큰 것 같고, 학생들이 빠른 시간안에 실력이 늘게 잘 도와주셨어요.

김도연 ◈ 학교에서 그릴 때는 보고 그리는 틀에 박혀서 많이 그렸는데, 여기서는 한예종이나 서울대 포트폴리오 준비하면서 나의 그림을 그리는 법을 많이 배웠어요. 이 학원을 선택한 이유는 학교에 있으면 똑같은 그림만 보게 되는데, 다른 학교 학생들 그림을 보고 싶었고, 잘 하는 학생이 다닌다고 해서 오게 되었어요.

최지원 ◈ 그림이 개인마다 다양하잖아요. 선생님들이 개인에 맞게 맞춰주세요. 강제로 바꾸지 않고 개개인의 장점을 살려주는 거죠. 다른 학원 블로그 보면 선생님이 시범을 보여주고 학생들이 똑같이 카피하더라고요. 우리 학원은 보조 강사 선생님들의 스타일도 다 다양해서 학생들도 그만큼 다양한 폭이 있는 것 같아요.

5 내신 및 수능 관리 방법

양창은 ◈ 이화여대 수시를 지원하려면 내신을 만들어야 하는데, 공부에는 자신이 없었어요. 예고는 실기과목을 내신으로 할 수 있어요. 최대한 실기 등급을 올리려고 노력했어요. 수능은 EBS 수능특강 시리즈를 주로 활용했어요.

김시현 ◈ 대학 하나를 정해놓고 성적을 맞추는 게 아니라 계속 무조건 할 수 있는 만큼 하려고 노력했어요. 일단은 성적관리를 열심히 하고 실기는 막판에 집중했고요. 수능특강은 무조건 했고, 연계교재 다 풀어봤어요. 특별한 것 없이 남들 하는 것처럼 했어요.

남보람 ◈ 재수학원을 3월부터 수능 전까지 포기하지 않고 다녔어요. 기대만큼 성적이 잘 나오지는 않았지만 많이 떨어지지도 않은 것 같아요. 억지로라도 꾸준히 한 것이 중요했다고 생각해요.

김도연 ◈ 따로 공부하는 것보다 시간을 아껴야하니까 학교수업 열심히 들었어요. 열심히 하는 건 누구나 할 수 있지만 잘하고 싶은 과목이 있잖아요. 흥미를 느끼게 되면 잘하게 되는데, 저는 다른 나라 드라마 보는 것을 좋아해서 영어과외 할 때 선생님과 드라마 보면서 공부하고 놀면서 하는 식으로 흥미를 유지하면서 하려고 했어요. 나머지 과목들은 수업시간에만 들어도 보통 이상은 가는 것 같아요.(일동 웃음)

최지원 ◈ 예고 내신은 굉장히 치열해서 잘 받기가 힘들어요. 특히나 저는 공부에 흥미가 없어서 공부 내신은 거의 안했고요, 실기내신만 잘 받으려고 굉장히 신경 썼어요.

6 / 미대입시를 준비하는 후배들에게 조언

김시현 >>>

양창은 ◈ 시험 볼 때 긴장되잖아요. 그럴 때는 구체적으로 '잘 해낼 수 있다'고 상상을 하면서 마인드 컨트롤하면 좋을 것 같아요. 또 입시 전반에 있어서 목표를 확실히 하고, 거기에 맞는 노력을 하면 좋은 결실을 맺을 수 있을 거라고 생각해요.

김시현 ◈ 일단 공부를 열심히 하라고 하고 싶어요. 성적이 안돼서 자신이 원하는 학교에 지원을 못할 수도 있거든요. 시험을 쳐보고 떨어지면 괜찮은데 시험도 못 쳐보면 너무 아쉽잖아요. 실기는 고3 때 시작해도 늦지 않을 것 같아요.

남보람 ◈ 재수하는 애들이 많은데 많이 힘들거예요, 포기안하고 끝까지 선생님이 시키대로 하면 꼭 갈 수 있으니 계속 힘냈으면 좋겠어요.

김도현 ◈ 한예종 합격한 건 학원 선생님들 덕이 컸다고 생각해요. 한예종은 면접도 중요한데, 면접 준비하면서 선생님이 제가 말할 때의 표정, 말투까지 다 지적해주셨어요. 평소에 단련이 되어 있어서 면접 때 하던대로 하니까 좋게 봐주신 것 같아요.

최지원 ◈ 실기 하다보면 안될 때가 많은데, 안되지 징징대지 말고 계속 생각을 하고 그림을 했으면 좋겠어요. 그리고 저는 중학교 때 시험보러 가면 너무 떨어서 실력이 안나왔는데, 입시준비를 시작하면서 실기대회에 많이 참가했어요. 그 경험을 많이 쌓았더니 정시 때 긴장 안하고 실력을 100% 발휘한 것 같아요.

7 / 학원 생활 효과적으로 하는 방법

김도연 >>>

양창은 ◈ 학원에 가면 다른 애들과 경쟁하면서 자기 위치를 생각해보고 선생님 조언도 기억하면서 많이 배우려고 노력해야 하는 것 같아요.

김시현 ◈ 학원에 와서 학원비 비싸다고 생각하면서 그림을 그렸어요.(웃음) 학원에 있는 시간이 반나절 이상인데 한 장 그리더라도 집중해서 그리는 게 아무 생각없이 그리는 것보다는 더 효율적인 것 같아요. 그날 어떻게 그렸는지 집에 가서도 생각하고요. 그리고 방학특강이라고 해봤자 아침부터 와서 더 길게 그리는 거잖아요. 평소에 한 장 그렸으면 특강 때는 두 장 그리는 거니까요. 놀 때는 놀고 할 때는 집중해서 해야 해요. 어떻게 그렸는지 생각날 정도로요. 무조건 그리는 것보다 생각하는 게 더 효과적일 때도 있는 것 같아요.

남보람 ◈ 평일에는 공부하고, 주말에만 나오더라도 할 때는 그림생각만하고 집중해서 하는 게 맞는 것 같아요.

김도연 ◈ 학원 와서 실기할 때 떠들지 않고 집중해서 하는 게 중요한 것 같고, 열심히 해서 시험 날에 최상의 실력이 나오게 컨디션을 조절하는 게 중요한 것 같아요.

최지원 ◈ 평소에 자기가 그린 그림과 선생님 그림을 핸드폰으로 찍어서 지하철이나 자기 전에 보고, 어떻게 할 것인지 생각했어요. 그리고 특강 때 피곤하잖아요. 졸리거나 피곤하면 차라리 학원 쇼파에서 10분이든 자고 일어나서 하는 게 나은 것 같아요. 그림을 그릴 수 있는 컨디션을 만들어서 그리는 게 효과적인 것 같아요.

合格生 부산
시각 미술학원

강소희
합격대학 고려대 디자인조형학부
출신학원 부산 시각 미술학원
출신고교 부산국제외고
내신성적 4.8등급
수능성적 언어 2등급
        외국어 2등급
        사탐 2.5등급

최민서
합격대학 한양대 ERICA
        테크노프로덕트디자인학과
출신학원 부산 시각 미술학원
출신고교 예문여고
내신성적 5.5등급
수능성적 언어A 3등급
        외국어A 2등급
        사탐 2.5등급

한혜진
합격대학 서울대 디자인학부
출신학원 부산 시각 미술학원
출신고교 브니엘예고
내신성적 1.6등급
수능성적 언어 3등급
        외국어 3등급
        사탐 3등급

合格生

1 언제부터 미술을 배우기 시작했고, 전공으로 선택한 있나요?

강소희 ◈ 원래 미술을 좋아하는 편이긴 했어요. 구체적으로 미술을 해야 겠다 마음먹은 건 고등학교 2학년 때고요. 하고 많은 전공 중에 미술을 선택한 이유는 다른 전공들과 비교했을 때 나름 오랜 기간 즐기면서 배우고, 일을 할 수 있을 것 같았거든요.

처음엔 공예와 디자인을 놓고 고민을 좀 했었어요. 그러다가 아무래도 공예보단 디자인 쪽이 활동하는 범위가 좀 더 넓은 것 같아서 디자인을 전공으로 선택했죠. 지금은 이 선택에 만족하고 있어요.

한혜진 ◈ 저도 원래 어릴 때부터 쭉 미술을 좋아했고 전공으로 삼고 싶단 생각도 해왔어요. 그런데 고등학교 입시를 앞에 두고 주변에서 다시 한 번 생각해 보란 만류의 소리들이 많아 일반계 고등학교로 진학을 했죠. 그런데 한 학기를 다녀보니 역시 미술을 하지 않곤 안 되겠더라고요. 그래서 1학년 2학기 때 브니엘예고로 편입을 했어요. 본격적인 입시 미술도 이 시기에 배우기 시작했고요.

예고에서도 디자인을 전공했어요. 저는 개인적으로 미술이란 분야 내에서 제가 만든 작품을 통해 사람들과 소통하고, 직접적으로 상호작용을 나누고 싶었거든요. 그러기 위해선 순수미술보다 디자인 쪽이 더 알맞은 것 같아 전공으로 선택한 거죠.

최민서 ◈ 두 친구들에 비해 좀 이른 시기에 미술을 시작한 편이에요. 중학교 때부터 미술학원을 다녔거든요. 구체적으로 '미술을 내 전공으로 삼아야 겠다'란 각오 이전에 일단 좋아하니까 배워보자는 식이었죠. 그러다가 고등학교 2학년 때 즈음 아예 미대 입학을 목표로 잡고 입시미술을 시작했어요.

2 내신은 어떻게 관리했나요?

한혜진 ◈ 고등학교 2학년 때 아주 잠시 과외를 받아보긴 했는데, 거의 혼자 공부하다시피 했던 거 같아요. 일반 인터넷 강의보단 EBS를 많이 들었던 편이고요. 또 비록 한

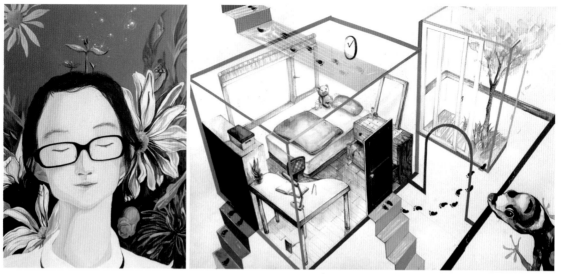

학기뿐이긴 했지만 인문계 고등학교에 다녔었기 때문에 다른 예고 친구들에 비해 공부하는 습관이 좀 들어있기도 했고요. 해서 내신을 관리하기가 비교적 용이했던 것 같아요.

강소희 ◈ 저는 외고 출신이라 내신이 썩 좋은 편이 아니에요. 학교 분위기 자체가 성적 관리에 엄격한 편이었거든요. 또 저는 기숙사 생활을 했기 때문에 따로 학원을 다니거나 과외를 받기 보단 학교 자습시간을 많이 활용했던 것 같아요. 아, 과외를 받아보긴 했었어요. 그런데 특정 과목을 가르쳐 준다기 보단 공부하는 방법, 즉 공부법을 가르쳐 주는 스타일이었어요. 어느 정도 습관이 몸에 밴 다음부턴 쭉 혼자 공부한 것 같네요.

최민서 ◈ 솔직히 별로 내신을 관리한 편이 아니에요. 대부분의 대학들이 내신 실질 반영 비율이 크게 높지 않으니까요. 고 2때 까진 수학을 좀 관리했었는데, 그 이후론 거의 학교 교재만 훑어 보는 정도였어요.

3
수능은 어떻게 준비했나요?

강소희 ◈ 내신관리하고 별반 다를 게 없었어요. 그냥 학교 커리큘럼을 따라가다 보면 자연스럽게 수능까지 연계가 되는 식이었거든요.

한혜진 ◈ 저는 반대로 학교 커리큘럼만 따라가서는 수능 성적을 받기가 좀 힘든 구조였어요. 해서 수능 준비는 따로 혼자 준비했죠. 뭐, 정말 열심히 공부한 친구들에 비하면 크게 노력했다고 자부하긴 뭐 하지만 저 나름대로는 성실하게 생활했던 것 같아요. 영어 과목이 조금 약한 편이어서 등하교길이나 틈틈이 비는 시간을 활용해 영어 공부를 많이 했던 것 같아요.

최민서 ◈ 현역 때는 거의 학교 수업만 따라 갔어요. 재수 때는 혼자 준비한 편이고요. 제 때 처음으로 수준별 수능이라고 해서 A/B형으로 유형이 나뉘었잖아요. 갑자기 입시 유형이 변한 거라 혼란스러워 한 친구들도 있겠지만 개인적으로 저는 수준별 수능 덕

최민서의 평소작 >>>

을 많이 본 케이스예요. 특히 영어가 약한 편이었는데 A형 난이도가 많이 내려가면서 성적이 제법 올랐거든요.

4/
해당 대학에
지원을 결심한
계기

강소희 ◉ 저는 수능을 보고 나서 선생님들과 상담을 거친 뒤에 지원을 결심했어요. 아까 말씀 드렸듯이 저는 공예와 디자인을 놓고 고민을 많이 했었거든요. 그런데 고려대는 디자인조형학부라고 해서 디자인과 조형이 학부 안에 함께 편제가 되어 있어요. 이런 부분에서 마음이 끌렸죠. 또 쭉 소묘로 실기를 준비해 오던 터라 고려대 실기유형과 잘 맞아 떨어지기도 했고요.

한혜진 ◉ 저는 서울대, 홍익대, 이화여대 세 군데를 보고 입시를 준비했어요. 그러다가 고등학교 2학년 때부터 서울대 입시 쪽으로 좀 더 포커스를 맞췄고요. 사실 서울대를 지망하게 된 까닭은 구체적이진 않아요. 좋은 대학이잖아요. 한 번 도전해 볼 만한 가치가 충분하니까요.

최민서 ◉ 현역 때는 생각이 없다가 재수를 하면서 지원하게 된 경우예요. 일단 기초디자인을 보는 대학이 몇 군데 없잖아요. 그 중에 제 성적으로 넣어볼 만한 대학 중 기초디자인을 보는 대학에 한양대 ERICA가 들어 있었던 거죠. 그나마 재수 때 성적이 괜찮게 나와줘서 지원할 수 있었던 것 같아요.

5/
입시를 치르면서
가장 힘들었던 점

강소희 ◉ 저는 실기를 늦게 시작한 탓에 그림에서 스트레스를 많이 받았던 것 같아요. 머릿속에 떠오르는 이미지는 되게 휘황찬란한데 손이 따라주질 못하니까요. 특히 완성도를 뽑아내는 게 많이 부족한 편이었어요. 한 번은 그림 한 장을 거의 한 달 동안 잡고 그린 적이 있었는데 정말 스스로 인내심의 한계를 확인하는 경험이었던 것 같아요.

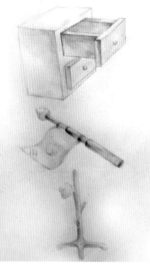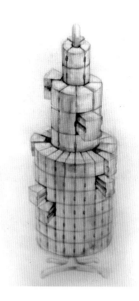

한혜진의 평소작 >>>

그래도 그 일 이후로 그림이 많이 늘긴 하더라고요.

한혜진 ◉ 저는 제가 생각하는 바를 오롯이 그림 속에 담아내는 과정이 참 어려웠던 것 같아요. 의도한 바를 나타내는 것도 중요하지만 의도하지 않은 내용이 그림에 비쳐서도 안 되잖아요. 그런 그림의 강약을 조절하는 게 많이 힘들었어요.

최민서 ◉ 현역 때 하던 사고의 전환을 그만두고 기초디자인으로 실기를 전향하는 과정이 꽤 힘들었어요. 또 재수를 결심하고 한 몇 달 간 실기를 쉬다가 다시 그림을 그리려니까 생각보다 손이 많이 굳었더라고요. 좀 당황스러웠죠.

6
입시 스트레스 해소 방법

강소희 ◉ 저는 고등학교 때 생활 패턴이 딱 정해져 있었거든요. '학교, 기숙사, 학원' 이 세 군데를 계속 돌고 또 도는 게 일상이었어요. 가끔 이 사이클 때문에 너무 스트레스를 받을 땐 새벽에 몰래 기숙사를 빠져나오기도 했었죠. 그렇다고 뭐 특별한 걸 했던 건 아니고 그냥 친구들이랑 노닥노닥 거리면서 밤바람이나 쐬는 정도였지만요.

한혜진 ◉ 저도 특별한 스트레스 해소 방법은 없었어요. 그냥 학원에서 친구들하고 한번씩 뛰어노는 정도? 그런데 한바탕 정신없이 뛰고 나면 정말 스트레스가 풀리긴 풀려요.

최민서 ◉ 저는 재수를 했으니까 친구들 중에 이미 대학생활을 하고 있는 아이들도 있었거든요. 한번은 친구네 대학 축제에 초대받아 가본 적도 있어요. 또 제가 가수 에픽하이를 되게 좋아하는데 그 그룹의 공연을 보러가기도 했고요.

7
후배들에게 조언

한혜진 ◉ 입시를 치를 때 가장 중요한 건 정신력인 것 같아요. 내신 관리하랴 수능 준비하랴 고등학교 생활 자체도 힘겹지만 정작 실전을 눈앞에 두고 포기하는 경우도 예상외로 많거든요. 서울대 입시만 해도 포트폴리오에 면접, 실기를 몇 차례나 치러야 하죠. 이 과정에서 포기하고 싶단 기분이 들 때가 한 두 번이 아니에요. 이런 순간을 잘 견뎌내는 게 정말 중요한 거 아닐까 싶네요.

강소희 ◈ 입시를 준비하는 걸 너무 '일'이라고 생각하지 않았으면 해요. 제가 지금 학원에서 강사를 하고 있는데 가르치는 학생들 중에 자기가 지금 업무나 노동을 하고 있다고 생각하는 애들이 있어요. 그런 애들을 보면 그림 자체를 하기도 싫어하고 결과가 잘 나오지 않을 때 스트레스를 너무 많이 받더라고요. 자기가 좋아서 시작한 그림인데 거기서 그렇게까지 스트레스를 받아버리면 어떡해요. 그냥 스스로의 실력을 키워나가는 기간 정도로 생각하고 마음을 편히 가지는 게 중요한 것 같아요.

최민서 ◈ 고전적인 소리지만 성적관리에 좀 더 신경을 쓰는 게 좋아요. 성적으로 지원 대학이 정해지고, 실기로 합격이 가름난다는 이야기는 2015학년도라고 별다를 게 없을 거거든요.

Mini Interview

이민하
합격대학 부산대학교 시각디자인전공
출신고교 검정고시
수능성적 국어A 2등급 / 영어A 1등급 / 사탐 2.5등급

미술을 시작하게 된 계기 ◈ 고등학교 1학년 때 한 일 년 정도 어학연수를 할 목적으로 필리핀 생활을 시작했어요. 정신을 차려 보니까 19살에 필리핀 대학에서 건축을 전공하고 있더라고요. 그렇게 건축을 공부하다 보니 실내인테리어란 분야에 관심을 갖게 되었어요. 어차피 필리핀 대학을 나와서는 한국에서 취업하기 어렵다는 사실을 알고 있었기 때문에 '차라리 이렇게 된 거 한국으로 돌아가 새롭게 입시를 시작해 보자'란 결심을 하게 되었죠.

성적 관리 ◈ 처음 친 모의고사 성적이 거의 7, 8등급 대였어요. 심각했죠. 이대론 안 되겠다 싶어 인근 단과학원에 등록하고 일주일 내

내 나가 공부했어요. 그래도 기대만큼 성적이 확확 오르진 않더라고요. 한 6월 모의고사 때까지도 4, 5등급 정도였거든요. 그래도 포기하지 않고 문제집을 붙들고 있었던 덕분인지 수능을 한 달 앞두고 전체적인 과목 성적이 1, 2등급 씩 올라줬어요. 꾸준히 공부하는 습관이란 게 얼마나 중요한 건지 새삼 느낄 수 있었죠.

실기 준비 ◈ 미술이란 게 누가 옆에 딱 붙어 앉아서 하나 하나 가르쳐 줄 수 있는 분야가 아니잖아요. 특히 초반에는 이것저것 직접 그려 보면서 그림 그리는 손을 만들어야 하고요. 저는 이 과정이 좀 어려웠던 것 같아요. 제가 재수기간을 포함해도 실기학원을 다닌 기간이 그리 긴 편이 아니에요. 따지자면 단기간에 그림을 배운 케이스죠. 원장 선생님 말씀으론 제가 그림을 빨리 배우는 편이었다고 하시더라고요. 잘 다니던 대학을 그만두고 새로 미술을 시작한 만큼 좀 절박한, 절실한 마음이 있었다고 생각해요. 그래서 정해진 수업시간 외에도 학원에 남아 그림도 많이 그렸고, 다른 사람들 그림도 많이 관찰했어요. 또 안 풀리는 부분이 생겼을 때 곧바로 선생님께 여쭤보기 보단 혼자서 문제를 고쳐보려 노력하기도 했고요.

입시에서 힘들었던 점 ◈ 수능과 실기 둘 다를 단기간에 준비하려다 보니 힘든 점이 많았어요. 체력적으로 힘든 것도 있었지만 단과학원과 실기학원을 오가는 중에 생기는 문제들이 좀 골칫거리였죠. 단과학원 쪽에서는 그림 그리는 데 시간을 너무 끄는 바람에 제가 공부에 집중을 못 한다는 반응이었어요. 또 단과학원과 실기학원 사이에 거리가 먼 편이어서 한 번씩 실기수업에 지각을 하곤 했는데 이 점도 지적을 많이 받았어요. 양 쪽에서 다른 지적 방향으로 지적이 들어오니까 좀 힘든 부분이 많았던 것 같아요.

후배들에게 조언 ◈ 흔한 소리로 들릴 수 있겠지만 미대 입시에서 가장 중요한 건 꾸준한 노력인 것 같아요. 재능이 차지하는 비중은 사람들이 생각하는 이상으로 미미하다고 생각해요. 1%의 재능과 99%의 노력, 이 점을 분명하게 강조하고 싶어요.

合格生 강남
아이엠 미술학원

최윤수
합격대학 서울대 디자인전공
출신학원 강남 아이엠 미술학원
출신고교 불암고
수능성적 국어B 2등급,
　　　　 영어B 2등급,
　　　　 탐구 3등급/1등급

황세미
합격대학 이화여대 섬유예술전공(수시
출신학원 강남 아이엠 미술학원
출신고교 정신여고
내신성적 2.6등급

도준영
합격대학 한양대 테크노프로덕트학과
출신학원 강남 아이엠 미술학원
출신고교 압구정고
내신성적 4등급
수능성적 국어A 4등급,
　　　　 영어A 1등급,
　　　　 탐구 3등급

심규영
합격대학 건국대 커뮤니케이션
　　　　 디자인전공
출신학원 강남 아이엠 미술학원
출신고교 청담고
내신성적 4등급
수능성적 국어A 4등급,
　　　　 영어A 1등급,
　　　　 탐구 3등급/4등급

박지연
합격대학 국민대 실내디자인학과
출신학원 강남 아이엠 미술학원
출신고교 야탑고
내신성적 4.5등급
수능성적 국어B 2등급,
　　　　 영어B 3등급,
　　　　 탐구 2등급/3등급

合格生

1

오답노트는 내신, 수능, 실기에 모두 적용! 똑같은 실수를 하지 않는 게 중요하다.

도준영_한양대 테크노프로덕트

어렸을 때부터 손으로 만드는 걸 좋아했어요. 그림도 좋아했고 종이접기도 좋아했고. 그러다보니 부모님도 제가 예술분야에 흥미가 있는걸 아시고 미술학원을 보내주셨고 그렇게 시작했어요.

저는 삼수생이라 비교내신이었어요. 고3 때보다 부족한 실력으로 다른 입시생과 경쟁해야 해서 내신관리와 그림 둘 다 잘해야 한다는 심리적인 압박이 제일 컸는데, 특히 그림은 단기간에 실력이 오르지 않기 때문에 입시 스트레스와 슬럼프가 자주 오는 편이었어요. 솔직히 명확한 답은 없는 거 같아요. 자기 그림에 대해 고민하고 스트레스 받고 화나는 것들이 결국엔 밑거름이 되고 그림이 발전하면서 자연스럽게 극복이 됐거든요.

공부는 여름방학 전까지 국어, 영어에만 집중했어요. 사탐은 그 이후부터 본격적으로 시작해도 충분히 좋은 점수를 기대할 수 있다고 하셔서 사탐은 기초 위주로만 공부했고요. 오답노트를 통해서 틀린 문제는 정말 확실히 잡고 넘어가야 해요.

겨울방학엔 그림에만 집중해야 하는 중요한 시기에요.

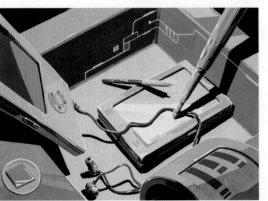

도준영의 평소작 >>>

53

퀄리티 높이기 중심으로 진행했고요. 학원생활을 효과적으로 하기 위해서 평일엔 성적에 집중하고 나머지 시간에는 그림에만 집중하려고 시간표를 잡았어요. 미술학원 담임 선생님이 그림방향을 잡아주고, 보조 선생님들이 나머지 부족한 부분들을 열정적으로 지도해주셨어요. 정신이 해이해질 때는 따끔하게 혼나기도 했는데 돌이켜보면 도움이 되었죠.

2

특별한 비결?
그림이 재밌었고 긍정적인 마음이 중요했다!

최윤수_서울대 디자인학부

그림이 재미있고 좋아서 디자인학부에 지원했습니다. 지금은 원하던 전공을 하게 되니 더 깊이 다양하게 알고 싶어졌고요. 부모님 모두 디자인을 전공하셔서 어릴 때부터 영향을 많이 받았어요. 제가 미술에 관심이 있다는 걸아시고 든든한 지원군이 돼주셨죠.
특히 자동차에 관심이 많았고 디자인분야에서 좀 더 다양하게 흥미로운 작업을 할 수 있다는 걸 알게 되면서 미술학원에서 입시미술을 본격적으로 시작했어요. 그림의 기본실력이 다져지고 기술이 늘어가는 즐거움도 알게 되면서 선택을 잘했다는 생각이 들었어요.
공부하면서 큰 어려움은 없었는데 기본기를 처음부터 조금씩 잘 다져놓는 게 중요해요. 수업시간에 선생님 말

최윤수의 재현작 >>>

최윤수의 재현작 >>>

씀 안 놓치려고 했고 교과서를 거의 외우다시피 했거든요. 시험의 모든 기본은 교과서에 들어있다고 보면 됩니다. 그림이 재밌듯 공부에도 재미를 느낀다면 입시생활이 좀 수월할 거예요.

여름방학이 중요해요. 특히 고3이 되면 아침 일찍부터 학원 수업이 시작되는데 이 시기 즈음 현재 성적에 안주하게 되죠. 이 정도면 됐다는 생각을 없애고 단점을 보강한다는 생각으로 더 열심히 해야 합니다.

저는 실기에서 보강해야 하는 점을 색과 형태라 생각해 더욱 집중했는데 디자인과 선배들이나 관심 가는 디자이너들의 블로그를 통해 포트폴리오를 참고했어요. 관심이 가는 작품을 찾다보면 보는 안목이 점점 늘어가는 게 그림을 통해서 알 수 있게 되거든요.

3

수시 겨냥했지만 철저한 수능 준비, 그날 배운 내용 반드시 그날 복습, 슬럼프가 와도 막무가내로 그리기!

황세미_이화여대 섬유예술

수시합격을 목적으로 실기는 하루에 단점 1개씩 없애자는 목적을 갖고 임했어요. 미술학원 수업에서 가장 중요하게 생각했던 건 제 그림에 대한 평가뿐만 아니라 다른 그림에 대한 평가에서 배울 점을 내 것으로 만드는 거였어요. 아침부터 밤까지 시간을 잘 활용하려고 여름방학 때는 오전 일찍부터 학원에서 실기에 집중했고 오후 늦게 수업이 끝나면 도서관에 가서 공부했고요. 힘든 날은 아예 하루를 쉬는 날로 만들어서 푹 쉬고 다시 의욕충전을 했어요.

내신은 3등급을 유지하도록 했고 수능위주로 성적을 올리려고 했습니다. EBS강의를

황세미의 평소작 >>>

황세미의 평소작 >>>

많이 참고했고 성적에 대해서 미리 걱정하지 않으려고 했어요. 지칠 때마다 작심삼일로 끝내지 않고 다시 마음을 다잡기를 반복했고요. 제가 선택한 대학에 맞는 과목 위주로 관리하고 나머지 버릴 과목은 과감하게 놓고 그 시간을 이화여대 입시에 맞게 대비했어요.

면, 천에 대한 흥미와 패션 분야에 관심이 많아서 중·고등학교 때부터 미대입시에 대한 대비를 했었어요. 예중을 다니면서 미술에 대한 확고한 목적을 갖게 됐어요. 의류 분야에 더욱 집중해서 패션디자이너가 되고 싶은 게 현재 꿈입니다.

4

정해진 답은 없다. 자신의 생각을 분명하게 말하고 그림에 개성이 묻어나게 하는 게 중요하다.

심규영_건국대 커뮤니케이션

저는 중학교 올라가면서 진로 방향을 잡았어요. 고1 올라와서 입시미술을 본격적으로 시작하기 위해서 미술학원을 다녔고요. 학원 수업은 학생 개개인의 개성에 맞게 지도하는 게 특징적이었어요. 재료나 스타일이 정해진 대로가 아닌 나한테 제일 잘 맞고 특성이 잘 나타나는 것으로 선택하도록 지도해 주셨어요. 내신이 떨어지면 공부에 집중하도록 했고, 그림을 그릴 땐 오래 걸려도 한 작품을 꼼꼼하게 그리도록 하면서 그림 한 장에서 얻는 게 많도록 했습니다.

스트레스 해소를 위해서는 문화경험해보는 게 가장 좋은 방법이었어요. 전시장을 가거나 선배들에게 듣는 입시 경험담은 제게 마음의 여유를 갖게 해 주었죠.

5

선생님에 대한 신뢰가 가장 중요! 열심히 믿고 따르다보면 나에게 부족한 것이 채워지게 된다.

박지연_국민대 실내디자인

대학생활을 해보니까 진짜 실내디자인에 한걸음 다가선 것 같고 고등학교 때까지 배우던 것과 전혀 다른 공부와 작업을 하고 있어서 정말 즐거워요. 조금 더 욕심이 생겨서 전공 외 시각영상분야를 배워보고 싶은 생각도 있고요. 아직 1학년이라 졸업 후 방향은 확실하지 않지만 대학생활을 하는 동안 후회 없을 만큼 하고 싶은 것을 찾을 겁니

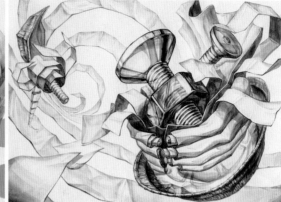

심규영의 재현작 >>>　　　　　　　　　　　박지연의 재현작 >>>

다. 저는 입시 지원 시 전공을 우선적으로 생각했는데 후배들도
이점을 중요하게 생각했으면 해요.

입시생활하면서 실기가 다른 애들에 비해 뒤처질까봐 두려웠어
요. 미술학원에서 보내는 시간 때문에 성적이 떨어질까 스트레스도
많았고요. 재수(반수)의 힘겨운 점이랄까 심리적 불안감이 가장 큰 적
이었죠. 열심히 한다고 대학 합격이 보장되는 게 아니라서 정말 걱정했
지만 긍정적인 생각으로 극복하려고 했어요. 물론 선생님 도움이 가장
컸어요. 제 불안감을 잘 아시는 만큼 두 배 더 지도해주시고 야단도 치
시고, 매우 감사하게 생각해요.

목표했던 대학에서는 내신 실질반영률이 그다지 높지 않아서 공부는 다
른 애들 하는 만큼 적당히 하고 수능 공부에 더 많은 시간을 할애했습니
다. 수능에서 국어와 사탐은 인터넷강의를 들으며 기본개념을 계속
다잡았고, 영어는 단어 많이 외우고 구조 같은 문장 해석을 잘 해보
려 연습했어요. 꾸준히 초심을 잃지 않아야 해요. 3월에 가졌던 마음이 9, 10월 되면
조금씩 풀어지기 시작하는데 누구든 그런 시기가 오거든요. 공부가 점점 지겨워지면서
집중하는 시간이 줄어드는데 그 시기에 좀 더 마음을 다잡고 전에 했던 대로 꾸준히
공부하는 게 중요해요.

合格生 홍대앞
이룸 미술학원

양하은
합격대학 이화여대 서양화전공
출신학원 홍대앞 이룸 미술학원
출신고교 목동고
내신성적 5등급
수능성적 국어 84, 영어 84,
　　　　　사탐 100(백분위점수)

이지영
합격대학 건국대 현대미술전공
출신학원 홍대앞 이룸 미술학원
출신고교 선화예고
내신성적 4등급
수능성적 국어 38, 영어 62,
　　　　　사탐 48(백분위점수)

구학희
합격대학 중앙대 서양화전공
출신학원 홍대앞 이룸 미술학원
출신고교 경기예고
내신성적 3.6등급
수능성적 국어 69, 영어 97
　　　　　(백분위점수)

이연정
합격대학 성신여대 서양화전공
출신학원 홍대앞 이룸 미술학원
출신고교 경기예고
내신성적 5등급
수능성적 비공개(수시합격)

윤지선
합격대학 성균관대 서양화전공
출신학원 홍대앞 이룸 미술학원
출신고교 경기예고
내신성적 3.83등급
수능성적 국어 72, 영어 94,
　　　　　사탐 52/47
　　　　　(백분위점수)

1 시험장 노하우는?

이화여대 ◈ 오전-소묘, 오후-채색. 형태력을 우선시하고 내 장점을 잘 활용하는 것이 중요하다.
중앙대 ◈ 무엇보다 기본기를 많이 본다.
건국대 ◈ 인체실기, 정확하게 관찰하는 자세와 재료를 다양하게 연습하는 게 도움 된다.
성균관대 ◈ 시험시간이 타 대학에 비해 짧은 편이다. 시간배분이 중요하고 인체전신 실기에 대비하여 평소 크로키를 습관화한다.

2 advice

수능 시험장에서 등급 올리기!

이연정 ◈ 국어A형, 영어A형 평균2등급(재수-성균관대 서양화 수시합격)
고2 때 모의고사 점수를 평균 3등급 정도로 유지하다가 고3 올라가서는 5등급까지 떨어진 적이 있었습니다. 국어는 처음 보는 지문이 많이 나오는데 배우지 않은 문제도 당황하지 않고 풀 수 있는 훈련이 중요했어요. 시험장에서는 한번 푼 문제도 잘 기억이 나지 않을 수 있는데, 평소 책이나 신문을 보면서 주제, 키워드, 중심문장 등을 메모하는 습관을 들이면 읽고 정리하는 능력이 서서히 길러집니다.

구학희 ◈ 국어B형, 영어A형 평균2등급(재수-중앙대 서양화, 동덕여대 회화 복수합격)
국어B형은 동덕여대에서 가산점을 받았어요. 고2 때 평균3~4등급, 고3 평균5.5등급 정도였는데 재수하면서 초반에 성적 올리기에 매진했습니다.
여러 문제집을 보기보단 한 문제집(어휘집, 단어집)을 반복하고 집중해서 보는 게 더욱 효과적이에요. 책을 끝까지 봤다면 다시 처음부터 잘 잊어버리는 단어와 틀린 문제, 문장, 단어 등을 메모하고 세 번째 다시 보기를 반복하는 겁니다. 시험장에서는 일정 시

양하은의 평소작 〉〉〉

간 안에 문제풀기를 하기 때문에 평소 단어 하나하나 보기보다 문장 단위로 글의 흐름을 파악하는 게 중요해요.

회화 전공 입시준비는 우리처럼

구학희(서양화 전공) ◈ 개개인의 개성을 살리는 게 중요해요. 저는 개성을 찾으려고 다양한 재료를 잘 살린 작품을 찾아보곤 했어요. 평소 미대입시 책을 참고하거나 에곤 쉴레, 클림트 같은 외국작가의 작품을 찾아봤는데 특히 아크릴 느낌(선명하고 세련된 색감)의 스타일이 저와 잘 맞았어요.

이연정(서양화 전공) ◈ 입시그림처럼 그리기보다 회화 작가들의 작품을 참고하여 저만의 스타일 살리기 연습을 했습니다. 인체는 맘에 드는 작가 작품을 프린트해서 연습하곤 했는데 '루시앙 프로이드' 인체그림의 감각적인 부분들이 제 그림에 도움 됐어요.

양하은(서양화 전공) ◈ 회화, 특히 예술대학을 준비하는 경우 실기 외 다양한 분야에도 관심을 가져야 해요. 실기나 면접에서 나의 생각을 뚜렷하게 보여주는 것이 중요하기 때문입니다. 평소 드로잉 연습은 수업 외에도 버스에서 사람들을 보고 그리거나 친구들과 서로 보며 연습했고 나중에 포트폴리오로 활용하기도 했습니다.

입시생에게 방학은 황금시간

윤지선 ◈ 9월 수시준비는 여름방학이 중요해요. 대학을 선택할 시기이기도 하고요. 기본적인 성적은 유지하되 실기 포인트라면 내 그림을 보는 것도 중요하지만 다른 그림을 보는 것도 중요합니다. 다른 장점을 배우고 다른 그림에서 보이는 단점이 혹시 내 그림에서는 나타나지 않는지 파악하는 거죠.

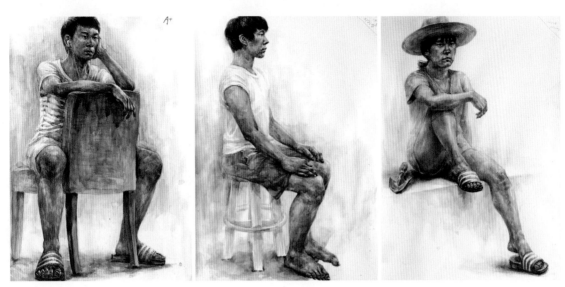

이지영의 평소작 >>>

이지영 ◆ 항상 지적되는 투박한 붓질 습관을 고치려고 했어요. 방학 때는 실기연습 시간이 여유 있는 듯하지만 효율적인 시간배분이 필수적이에요. 시험과 평가가 반복되기 때문에 스스로 단점 고치는 시간을 만들어야 합니다.

구학희 ◆ 여름방학 때 기초를 다잡고 다양한 재료 연습을 했습니다. 완성도에 집중하는 겨울에는 정리하는 시간이 필수적인데 수능 끝나고 실기가 늘 거라는 안이한 생각은 버려야 해요. 학원에서 10시간 이상 실기연습을 하고 꾸준하게 잘 다니는 게 습관이 돼야 합니다.

윤지선의 평소작 >>>

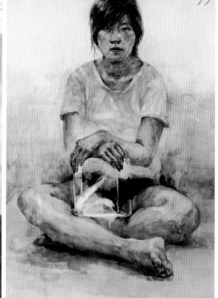

이연정의 평소작 >>>

'슬럼프' 이렇게 극복했다

윤지선 ◈ 예전에 잘 그린 그림을 찾아서 되새겨보는 시간을 가졌어요. 긍정적인 생각을 하는 게 슬럼프에서 벗어나는 빠른 방법이었죠.

구학희 ◈ 그림이 안 될 때 일부러 그 부분을 끝까지 물고 늘어졌어요. 될 때까지 연습하다보면 언젠간 고쳐지거든요.

양하은 ◈ 재수생활이 시작되면서 그림 그리기가 싫어졌는데 조급하게 생각하지 않으려고 공부에 매진했어요. 선생님과 상담하면서 서서히 좋아질 때를 기다렸는데 그때 그림일기가 많은 도움이 됐어요. 잘한점/못한점/보완점/내일시험계획(시간배분, 틀리면 안 될 점 등)을 그림과 같이 SNS를 통해 메모하고 친구들과 공유하는 방법입니다.

구학회의 평소작 >>>

Mini Interview

양하은
합격대학 이화여대 서양화 수석합격
*국민대 회화/
한예종 조형예술 복수합격

미술의 매력은 개인의 창조물이라는 것

"대학생이 되면 그림만 그리기보다 전반적인 교양 분야를 공부하고 인문적인 소양을 쌓고 싶었어요. 대학을 선택할 때 이 점을 고려했고 커리큘럼에서 미술의 개념과 다양한 융합을 장점으로 파악했고요. 앞으로도 심도 깊은 미술 공부를 계속 할 생각입니다.
그림을 그릴 때 '나만의 선' 느낌을 최대한 살리는 편이에요. 실기 준비할 때 인체와 정물을 관찰하면서 좋아하는 분위기로 색채표현을 하려고 했고요.
성적과 실기의 밸런스를 잘 맞춰야하는 것처럼 그림에서도 기초적인 부분과 내가 표현할 수 있는 개성이 조화롭게 표현돼야 합니다."

이지영
합격대학 건국대 예술학부 현대미술

나와 다른 그림에서 배울 점은 더 많았다

"일찍부터 진로결정을 해서 예술고에 진학했습니다. 학교에서는 1학년 때부터 실기연습을 하는데 건재료도 다양하게 해보고 유화나 수채화를 사용하다보니까 미술에 대한 포괄적인 공부가 하고 싶어졌어요.
다른 학생들 그림을 보면서 배울 점은 굉장히 많았습니다. 미처 생각하지 못했던 아이디어가 재미있었고 나와 다른 표현력을 이해하기도 했고요. 장점이 되는 부분들은 서로 칭찬해주면서 힘들고 긴 입시생활에 방향을 잃지 않도록 해주었죠.
해외미술관 작품들을 찾아보기도 하고 국내에서 진행하는 전시는 놓치지 않았어요. 디자인, 회화, 사진 등 광범위한 예술세계를 경험하면서 대학선택을 하는 데 참고했습니다.
건국대 현대미술전공은 사진, 미디어, 특수효과 등 다양한 매체를 활용한 커리큘럼을 진행하고 있어요. 제가 궁금했고 공부하고 싶은 수업들이라 캠퍼스 생활이 재미있어요."

구학희
합격대학 중앙대 서양화
*동덕여대 회화 복수합격

긍정적인 마음으로 내 장점을 살렸다

"2년여 동안 인체실기를 준비하면서 무엇보다 기본기에 충실하려고 했습니다. 대학선택 시 미대입시를 참고하면서 전년도 출제문제나 교수평가를 통해 기본기를 중점적으로 보는 중앙대를 목표로 입시준비를 했고요. 재수를 하면서 심리적으로 압박을 받기보다 긍정적인 마음으로 내가 잘하는 부분들을 찾아갔어요.
다양한 재료를 연습해 보는 게 필요합니다. 채색의 재료가 되는 건재료나 수묵 등 전반적으로 다룰 줄 알아야 차별화된 점수를 받을 수 있어요. 인체의 비례를 정확히 보고 그림에서 강조해야 할 부분과 형태 잡기의 기초는 시험 전날까지 깊이 새기고 있어야 하고요."

이연정
합격대학 성신여대 서양화 *수시 합격

정직한 연습이 가장 빠른 지름길

"진로를 결정할 때 미술을 좋아하기도 했고 아동미술을 하시는 부모 영향을 받았어요. 그림을 그리면 항상 제 개성을 중시하는 말씀을 많이 해주셨고 정석적인 그림이 아닌 색다른 표현에 칭찬을 해주셨고요. 입시를 준비하면서 같은 재능을 가진 학생들이 많다는 걸 알았는데 작은 부분이라도 저만의 장점을 찾으려고 했어요.
인체와 정물을 같은 비중을 두고 연습했어요. 인체는 사진을 보고 연습을 많이 했는데 실물을 보는 것보다 훨씬 쉬운 편이었어요. 하지만 사진에 너무 의존해서 보이는 것만 표현해서는 안돼요. 실제로 시험장에서 '중년의 흑인남성을 자유롭게 채색하는 문제가 나왔는데 피부색의 표현과 표정을 어떻게 그리느냐가 관건이었어요. 제가 얼마나 연습을 많이 했는지, 연령층. 피부색 등 다양한 표현력을 같이 보려는 의도가 보였죠."

윤지선
합격대학 성균관대 서양화
*추계예술대 판화 복수합격

실기와 성적을 둘 다 놓치지 않아야

"상위권 대학을 목표로 일찍부터 성적관리를 꾸준히 해온 편입니다. 철저한 시간배분과 꾸준한 실천이 따라야 실기와 성적을 동시에 관리할 수 있어요. 일찍이 미대입시 책을 보면서 합격생들의 이야기에서 많은 부분 참고하여 알게 된 부분이었어요. 학원에서 선생님과 상담을 통해 각 과목별 공부시간과 실기시간 배분을 했고요.
그림만 그려서 미대를 갈 수 있는 시대는 지났다고 하지만 그림 그리기를 좋아해서 선택한 진로였기 때문에 실기연습에 소홀할 수 없었습니다. 제 그림에서 부족한 부분은 잘 그린 선배들의 그림을 보면서 배우기도 했고 평가시간에 지적받은 부분은 선생님에게 따로 물어가면서 고치려고 노력했어요."

合格生

창원, 마산
아트인 미술학원

김서정
합격대학 이화여대 패션디자인전공
출신학원 창원. 마산 아트인 미술학원
출신고교 창원여고
내신성적 2.8등급
수능성적 국어/영어/사탐 3등급

신나윤
합격대학 이화여대 공간디자인전공
출신학원 창원. 마산 아트인 미술학원
출신고교 중앙여고
내신성적 1등급
수능성적 국어/영어/사탐 3등급

노현성
합격대학 서울과기대 디자인학과
출신학원 창원. 마산 아트인 미술학원
출신고교 마산고
내신성적 3등급
수능성적 국어/영어/사탐 3등급

合格生

1 이화여대 입시 포인트

김서정(2014학년도 수시합격) ◈ 1단계 전형에서 내신으로 선발하는데 대학 내신산출방식으로 커트라인 2점대 후반 정도였어요. 제 점수는 2.3점정도 나왔고요.

실기장에서 5시간동안 시험을 보기 때문에 체력 보충이 중요했어요. 초콜릿 등을 준비해서 먹기도 했고요.

신나윤(2014학년도 수시합격) ◈ 내신은 1등급이었고, 실기연습으로 (인체를 포함한 사물) 드로잉을 준비했는데 소묘는 인체(손) 위주로 연습했습니다. 공간구성 능력도 평가에서 중요시합니다.

2 디자인 전공 준비

신나윤 ◈ 저는 고1부터 3년 동안 자료를 모았는데 디자인을 좋아해서 미대입시나 월간디자인을 참고했어요. 평소 스크랩을 하거나 제가 준비한 사진첩을 들여다보면 관심사가 무엇인지 파악할 수 있고 전공을 선택하는 데 도움이 됩니다. 영화를 좋아한다면 영상이나 시각디자인 분야에 관심이 있다는 거고, 패션에 관심 있는 친구들은 의상, 패션, 텍스타일디자인을 선택하고요.

노현성 ◈ 전공 선택은 신중해야 해요. 입시준비 할 때 전공 선택을 미리 해두면 준비기간도 수월하지만 대학 가서도 잘 적응하고 재미있는 생활이 될 것입니다.

김서정 ◈ 남들과 똑같이 한다면 더 나은 결과를 얻을 수 없다고 생각해요. 남들 이상으로 노력해야 그 이상의 결과를 얻을 수 있죠.

제가 패션디자인을 선택한 계기는 초등학교 때 사극에서 봤던 한복을 종류별로 디자인해봤던 거예요. 스케치북 가득 그렸는데 지금 봐도 재미있어요.

김서정의 평소작 >>>   신나윤의 평소작 >>>

김서정 ◦ 입시를 3주 앞두고 실기가 C점대까지 떨어진 적이 있었는데 선생님께서 기초 선 긋기부터 다시 시작하라고 크게 혼내셨어요. 마음을 급하게 가진 탓이었던 거 같아요.

노현성 ◦ 고3 여름특강 때 체력적으로 힘들기도 했지만 남들보다 실기가 잘 안 올라가는 것 같았어요. 그래서 남들보다 일찍 학원에 나오고 늦게까지 연습했고, 주말에는 선생 님들을 따라다니며 부족한 부분은 1:1지도 부탁드렸고요.

신나윤의 평소작 >>>

신나윤 ◈ 슬럼프라는 말은 마음의 문제라고 생각하는데 본인이 지어낸 핑계처럼 들렸어요. 힘들거나 지쳐있다고 슬럼프라는 생각을 안 하는 게 답인 거 같아요. 그냥 입시의 한 단계라 마음먹어야 쉽게 지나가는 거죠.

4 똑똑한 입시전략

노현성 ◈ 여러 전형이 생겨나는 만큼 대학지원의 폭이 넓어졌어요. 나에게 맞는 전형을 찾는다면 유리한 입시준비를 할 거라 생각해요. 저는 입학사정관 전형을 준비했는데 자기소개서와 포트폴리오, 면접을 보는 대학들을 복수지원했고 한양대 에리카 전형(패션디자인)에서 복수합격 했습니다.

Mini Interview

신나윤
합격대학 이화여대 공간디자인 전공 ◈ 수시합격

남이 해주는 건 한계가 있다

"저는 타 대학에서 미술교육을 전공하다 반수를 시작했어요. 원래 가고 싶었던 대학과 전공이 있었기 때문에 남보다 절박하게 준비했던 거 같아요. 이화여대 준비기간은 2개월 남짓 짧은 시간이었기 때문에 최대한 실기에 집중했는데 막바지 2주간은 3시간씩 자면서 실기연습을 했어요.

여러 대학을 준비하다보면 따르는 어려움도 많아지는데 학원 선생님들 믿고 따르며 고쳐야 할 점은 반드시 그림에 반영시켜야 한다는 겁니다. 자기만의 스타일을 무조건 고집하는 건 때론 독이 될 수도 있거든요. 입시를

같이 준비하는 친구들, 그룹도 중요한데 서로 이끌어줄 수 있는 부분이 있고 학습 분위기를 타기 때문이죠.

후배들에게 꼭 해주고 싶은 말은 평소 준비할 때는 이 대학이 아니면 안 된다는 마음으로 준비하되 입시장에서는 너무 부담을 갖지 말고 다음 기회도 염두에 두어 마음을 편하게 가져야 평소 실력이 잘 나온다는 겁니다."

신나윤의 재현작 ≫≫

김서정 ◈ 시간을 효율적으로 배분했어요. 특히 점심시간에 식당 앞에서 줄서고 이동하는 시간을 줄이려고 도시락을 갖고 다녔죠.

지방에서 입시생활을 하면 실력을 가늠할 수 있는 기회가 많지 않은데 서울에서 실시하는 모의 실기고사도 미리 신청해서 다른 그림을 볼 수 있는 기회로 삼아야 해요.

신나윤 ◈ 첫 번째, 스스로 자료 만들기. 제가 자료를 스크랩한 게 책 몇 권은 될 거예요. 남이 해주는 건 한계가 있기 때문에 스스로 도움 되는 자료를 찾아야 해요.

Mini Interview

김서정
합격대학 이화여대 패션디자인전공 ◈ 수시합격

김서정의 평소작 >>>

성적관리는 미리 1학년 때부터 전략적인 내신 관리를 해서 불안한 점은 없었어요. 목표가 빨리 정해지면 그만큼 시간도 아낄 수 있고 집중력도 높아지는 거 같아요."

최대한 빨리! 전략적인 내신관리하기
"디자인을 전공한다는 것에 부모님 반대가 심했어요. 그래서 학교공부에 소홀할까봐 걱정하셨던 부모님께 수학 100점을 받는 조건으로 미대입시 지원을 약속받았죠.

실기연습은 사고의 전환을 연습하다가 막바지 10개월 정도를 남겨두고 대학을 선택한 후 이대 실기를 준비하기 시작했어요. 학원에서 선배들이나 강사선생님을 따라다니면서 배운 게 정말 많았는데 미대입시 자료를 스크랩하는 것도 옆에서 보며 같이했고, 서울에서 실기대회나 모의시험을 볼 때도 낯선 환경에 적응하도록 이끌어주었어요.

공부환경도 중요하지만 실기반에서 어떻게 적응하고 서로 영향을 주는지가 좋은 성적을 받는 데 매우 중요하다고 생각합니다.

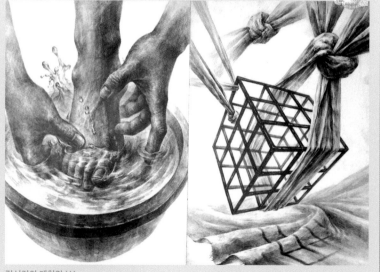

김서정의 재현작 >>>

두 번째, 그림 그릴 때 고집 부리지 않기. 선생님을 믿고 겸손한 마음으로 이야기를 들어야 합니다. 저는 3년 동안 해온 그림을 바꾸기가 쉽지 않았어요. 하지만 여러 스타일을 해봐야 내가 잘하는 스타일의 그림을 찾는 것처럼 다양한 시도를 해봐야 해요.

세 번째, 실기대회에 많이 나가보기. 거의 모든 대학 실기대회에 신청했고 시·도 대회 등 다수의 대회를 경험해봤어요. 다른 학생 그림을 많이 볼 수 있는 기회가 되고 제 그림이 어느 단계에 와있는지 현실을 깨닫게 되는 계기가 됩니다.

Mini Interview

노현성
합격대학 서울과학기술대 디자인학과
◈ 수시합격/입학사정관 전형

노현성의 평소작 >>>

밤에 자고 수업시간에 최대한 집중

"자기소개서 준비는 학원 선생님과 주제를 잡고 토론, 첨삭해주는 방식으로 했어요. 평소 자신이 하고 싶은 분야, 어떠한 디자인을 하고 싶은지, 준비기간이 실기보다 짧지만 분명하고 소신 있는 자기만의 디자인 철학을 담는 게 중요합니다.

2단계 면접에서는 10분 정도의 시간이 주어지는데 5분씩 2번에 나눠 각기 다른 교수님들의 방에 들어가서 인터뷰를 하게 돼요. 주내용은 디자인에 대한 생각과 어떠한 준비를 했는지 또 실기고사에서 그린 그림의 의도를 물어보시는데 창의력을 중점적으로 보시는 듯 했어요. 실기고사는 A4용지를 나눠주고 20분 정도 주제를 갖고 자유드로잉을 하는 간단한 평가였는데 출제된 문제는 '안경, 물고기'였습니다. 저는 어떠한 디자이너가 될지에 대한 생각을 담아 드로잉을 했는데 추후 대부분의 학생들이 제품, 패션, 시각 등 관심 있는 분야의 디자이너가 된 모습을 상상하며 그렸다고 해요."

69

合格生 영원한 미소
미술학원

이현수
합격대학 성균관대 써피스디자인전공
출신학원 홍대앞 영원한미소
출신고교 대진여고
내신성적 4등급
수능성적 국어B 12등급, 영어A 1등급
　　　　사회탐구 5등급
　　　　*5등급국

김나현
합격대학 국민대 실내디자인전공
출신학원 수원 영원한미소
출신고교 세마고
내신성적 4등급
수능성적 국어A 3등급, 영어B 3등급
　　　　사회탐구 1등급
　　　　*2등급

김재빈
합격대학 성균관대 시각디자인전공
출신학원 의정부 영원한미소
출신고교 의정부여고
내신성적 4등급
수능성적 국어B 1등급, 영어A 1등급
　　　　사회탐구 2등급
　　　　*3등급

김재은
합격대학 서울과기대 디자인학부
출신학원 의정부 영원한미소
출신고교 의정부여고
내신성적 4등급
수능성적 국어B 2등급, 영어A 1등급
　　　　탐구 4등급
　　　　*3등급

合格生

1 / 내 입시의 멘토

이현수 ◈ 해외작가 작품을 보면서 창의력을 높이고 표현능력을 길렀습니다. 의상과 가구에 관심이 많아 평소 사진이나 책을 찾아 봤고 해외작가들의 국내전시는 좋은 기회가 돼주었어요.

김나현 ◈ 토론식 학원수업이요. 학생들끼리 한 주제에 대한 다양한 방향성을 제시하는 방식이었는데 서로 평가하는 동안 실기력이 많이 늘었어요.

김재빈 ◈ 학원 선생님이 틈틈이 조언해주셨던 한 마디 한 마디가 지금도 도움 돼요. 지쳐있을 땐 용기가 돼주었고요. 잘못한 부분을 지적받을 땐 힘들어서 흘려듣기도 했지만 시간이 지나면서 저에게 약이 된다는 걸 알게 되었어요.

김재은 ◈ 나에 대한 믿음이 중요했어요. 정말 하고 싶은 게 무엇인지 내가 말하려는 것이 무엇인지 메모해서 잊지 않으려고 틈틈이 봤어요.

2 / 누구나 찾아오는 슬럼프 해결은

이현수 ◈ 잘 그린 그림 보면서 배울 점을 찾았습니다. 구도, 완성도 높은 그림을 미대입시 책에서 스크랩하거나 평가할 때 눈여겨보기도 했어요.

김나현 ◈ 마음이 조급해질 때가 종종 있었는데 집에서 혼자 생각을 정리하는 시간을 가졌어요. 해외작가 사이트를 찾아 다양한 작품을 참고하기도 했고요. 머리를 식히는 동시에 아이디어가 쌓이게 되는 일석이조의 방법이었죠.

김재빈 ◈ 그림은 장단점이 바로바로 나타나기 때문에 슬럼프에 빠지게 되는 요인이 됐어요. 그럴 때마다 선생님과 상담으로 해결점을 찾아갔어요. 그림에 대한 다른 사람의 생각을 듣는 것도 중요한데 문제점 지적을 잘 받아들이는 자세가 필요해요. 친구들과 얘기를 많이 해보는 것도 좋고요.

김재은 ◈ 입시생활 내내 큰 기복은 없었는데 막바지에 정리하는 게 중요했어요. 그려왔던 그림을 펼쳐놓고 사진을 찍어 입시 당일에도 보면서 갔어요.

3/
전공선택 &
대학선택

이현수(성균관대 써피스디자인 전공) ◈
어릴 적엔 도자를 전공하신 부모님의 영향을 받기도 했고 평소 의상에 관심이 많았어요. 미대입시 책에 소개된 선배들의 조언 중 커리큘럼에 따른 대학선택을 해야 한다는 인터뷰 등을 참고했는데, 염색과 텍스타일에 기본을 두고 공간의 개념을 접목시킨 커리큘럼이 성균관대 써피스디자인 전공으로 소개된 것을 보고 흥미를 갖게 되어 선택을 했습니다.

김나현(국민대 실내디자인 전공) ◈ 수능(국A·수B·영B)은 평균 3등급 정도 나왔습니다. 고1 올라와서 이과 전공을 선택하려고 처음엔 이과반

에서 입시준비를 했어요. 때문에 입시미술을 준비하는 기간이 9개월 정도로 상대적으로 짧았는데 그림에 재능이 있다는 말을 들으면서 용기를 얻었고요. 인간에게 미치는 디자인의 영역이 무한대라는 것을 알면서 흥미가 생겨 전공 선택을 하게 됐고, 교수님들의 커리큘럼이 마음에 들어 염두에 두고 있던 국민대를 포함하여 복수전공, 해외교류대학 등을 살펴보면서 대학선택의 폭을 줄여갔어요.

국민대는 시험에서 스토리를 많이 본다는 점이 마음에 들었어요. 자기만의 이야기를 풀어내는 방법, 다양한 표현방식에 따른 다양한 의미를 익히고 전달이 어떻게 되는지가 준비돼야하죠.

4 목표한 대학에 맞는 실기 준비

김재은(서울과학기술대 디자인학부) ◈ 주어진 문제에 대해 내가 말하려는 게 무엇인지 연습하는 게 중요합니다. 기초디자인 종목이 생기면서 실기 준비를 점·선·면으로 화면을 구성하거나 도형을 만들어보는 등 기존의 평면 연습과는 색다르게 준비했어요. 평소 제시문과 제시어에 대한 표현연습을 해야 하는 이유는 시험지 안에 ①그림을 그리고, ②주제의 설명과 ③디자인 제작의도를 글로 표현해야하기 때문이죠. 직접 도형을 만들어보면서 공간에 대한 이해도 할 수 있었고요. 대학에서도 전공 구분 없이 시각과 공업을 접해보기 때문에 여러 재료를 경험해보고 있습니다.

김재빈(성균관대 시각디자인) ◈ 여름방학에는 표현력을 어떻게 차별화시켜야 하는지에 집중하면서 다시 한 번 기초를 다잡았고, 겨울방학에는 완성도 올리기에 집중하며 시간단

이현수의 평소작 >>>

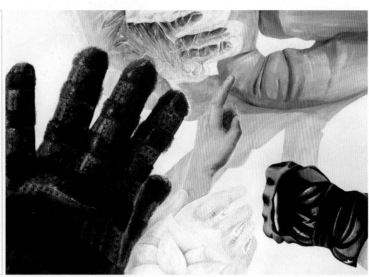

김나현의 평소작 >>>

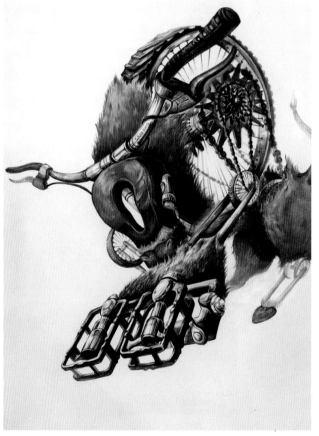

축을 하려고 노력했습니다.

성균관대 디자인학과는 기초소양평가로 실기고사를 치르는데 ①제시사물을 소묘로 객관적으로 묘사하는 것과 ②제시어에 따라 자유롭게 표현하는 것을 연습했어요. 객관적인 연필소묘는 기초에 충실한 표현이 따라야 하는데 주변에서 흔히 볼 수 있는 사물이나 인체 등을 틈틈이 연습하는 것에서부터 시작하는 것이 중요해요. 작은 표현도 놓치지 않도록 집중하고요. 두 번째 사고의 이미지화 부분은 출제 제시어를 예상할 수 없다는 점에서 상상력을 키우고 생각을 잘 정리해서 표현하는 방법을 연습했습니다. 휴식시간을 이용해 음악을 들으며 공상도 해보고, 책이나 신문을 읽어본 후 이슈가 되는 문장을 머릿속에서 그려보는 연습도 도움이 많이 됐어요.

Mini Interview

김나현 합격대학 국민대 실내디자인 출신학원 수원 영원한미소	**이현수** 합격대학 성균관대 써피스디자인 출신학원 홍대앞 영원한미소	**김재빈** 합격대학 성균관대 시각디자인 출신학원 의정부 영원한미소	**김재은** 합격대학 서울과학기술대 디자인학부 출신학원 의정부 영원한미소

넘쳐날수록 좋은 디자인 상상력

"미술적 사고력을 중시하는 대학이 많아지는 추세에 맞춰 입시준비를 했습니다. 개인시간을 활용해서 스토리에 대한 상상력 늘리기에 치중했어요. 여름방학에는 서점에 가서 외국디자인 서적을 찾아보고 인터넷으로 작가작품을 구경하기도 했고요. 같은 사물, 같은 주제를 매번 다르게 표현하려는 훈련이 필요합니다."

미술학원은 많은 정보력을 주었다

"그림을 잘 그렸는데 입시미술에서 필요로 하는 기술적인 부분은 미술학원에서 배워나갔습니다. 많은 정보력을 주는 동시에 자신감을 잃지 않게 도와주는 선생님들의 역할이 있었고요. 올바른 정보력을 바탕으로 선생님과 상담을 하고 학생 개개인에 맞는 효율적인 전략을 세웠던 점이 성적과 실기를 잘 관리할 수 있었던 요인이었어요."

'재미있다'는 자기암시

"처음에는 흥미로워 갖게 된 취미도 반복되면 재미를 잃게 되는데, 미술에 대한 집착이 생길만큼 재미있다는 자기암시로 입시기간 동안 흥미를 잃지 않으려고 했어요. 미술도 공부도 어떤 문제를 해결하는 과정에서 문제해결을 지속하려는 태도나 과제에 집중하는 능력인이 돼야 해요. 요즘처럼 날은 덥고 집중력 떨어질 때 저만의 방법은 집중이 잘 되는 시간을 찾는 거였어요.

동기를 먼저 찾아라

"입시생활이 길어서 누구든 침체기가 여러 번 오는데 남들이 하는 공부를 무작정 따라 할 수 없는 것처럼 그림을 왜 그리고 노력해야 하는지 '동기'를 먼저 찾으라고 후배들에게 조언하고 싶어요. 그래야 '진짜 공부' '진짜 그림'을 할 수 있고 그러다보면 바라던 대학에 다니고 있는 나를 발견할 수 있거든요."

合格生 대전
아이엠 미술학원

양예빈
합격대학 국민대 의상디자인학과
출신학원 대전 아이엠 미술학원
출신고교 전민고
내신성적 3.5등급
수능성적 국어A 2등급
　　　　영어B 2등급
　　　　윤리와 사상 1등급
　　　　생활과 윤리 1등급

김귀리
합격대학 국민대 도자공예학과
출신학원 대전 아이엠 미술학원
출신고교 샌뿔여고
내신성적 5등급
수능성적 국어B 3등급
　　　　영어B 4등급
　　　　윤리와 사상 3등급
　　　　한국사 1등급

박현우
합격대학 국민대 도자공예학과
출신학원 대전 아이엠 미술학원
출신고교 대덕고
내신성적 4.7등급
수능성적 국어B 3등급
　　　　영어A 2등급
　　　　윤리와 사상 2등급
　　　　한국사 4등급

김지원
합격대학 이화여대 산업디자인전공
출신학원 대전 아이엠 미술학원
출신고교 대전예고
내신성적 1.9등급
수능성적 국어B 5등급
　　　　영어A 2등급
　　　　윤리와 사상 5등급
　　　　사회문화 4등급

최진경
합격대학 서울과학기술대
　　　　도자문화학과
출신학원 대전 아이엠 미술학원
출신고교 대덕고
내신성적 4.5등급
수능성적 국어A 2등급
　　　　영어A 4등급
　　　　생활과 윤리 1등급
　　　　한국사 4등급

1 학교와 학과(전공) 선택의 계기와 기준

양예빈 ◈ 제 경우엔 처음부터 의상디자인에 관심을 갖고 미술을 시작했어요. 옷을 직접 만들어보고 싶다는 생각에 어떻게 하면 이런 걸 배울 수 있을까 했는데 대학에 가서 의상디자인을 전공하면 좋겠다 싶었죠. 대학교도 제 관심사에 맞게 학과를 찾다보니 국민대가 가장 저에게 어울린다고 생각했어요.

김귀리 ◈ 주변에서 국민대를 좋게 얘기하는 사람이 많았어요. 특히 디자인 분야를 공부하기 좋은 환경이라고 하더라고요. 도자공예를 선택한 이유는 특별한 이유는 없었던 것 같아요. 예전부터 시각디자인을 전공할까 생각하고 있었지만 그것도 딱히 특별한 이유가 없었거든요. 근데 도자공예는 손으로 만드는 걸 좋아하는 저에게 맞지 않을까 싶어서 지원했습니다.

박현우 ◈ 국민대는 예전부터 선배들이나 주변 사람들이 좋게 말한 부분도 있고 제가 그걸 듣다보니 점점 국민대에 가고 싶다는 생각이 들었어요. 학과 선택의 경우엔 제가 애초에 가고 싶었던 과는 아니었어요. '도자'라는 이미지가 저에겐 고루한 점이 있었거든요. 근데 학과를 선택할 때 제가 컴퓨터를 잘 다루지 못하고 손으로 뭔가를 만드는 걸 좋아한다는 걸 떠올렸어요. 그래서 점수나 실기력도 어느 정도 그 학과를 쓸 수 있는 수준이었고 나쁘지만은 않을 것 같아서 지원했어요.

김지원 ◈ 이화여대는 고등학교 때부터 가고 싶었던 대학이었어요. 캠퍼스라든가 교과과정에서 교양이 풍부하다는 점이 매력적이었거든요. 산업디자인을 선택한 이유는 제품디자인을 할 수 있는 분야라고 생각해서입니다. 대학에 진학하면 실생활에 필요한 여러 제품군을 디자인하고 싶다는 생각을 많이 했거든요. 그래서 제 관심사에 맞춰 학과를 선택했어요.

최진경 ◈ 서울과학기술대는 국립이잖아요. 등록금 부담이 사립대보다 적다는 점도 좋고 시설도 잘 되어 있다고 들어서 선택했어요. 그리고 학과는 평소에 손으로 물건을 만지는 걸 좋아하고 성적이나 실기력도 도자문화학과를 쓰기에 적당한 것 같아서 선택했어요.

양예빈 ◈ 입시 처음부터 국민대를 가고 싶어서 국민대 준비를 주로 했던 것 같아요. 그리고 실기 준비는 항상 즐겁게 하려고 노력했고요. 그래서 큰 방황이나 어려움은 없었어요. 물론 지나고 나서 하는 얘기지만 다른 친구들에 비하면 실기를 행복하게 준비했다고 생각해요. 모두 주변에서 저를 지탱해준 덕분이라고 생각해요.

김귀리 ◈ 미술을 처음 접했을 때가 초등학교 4학년 때였어요. 그리는 것이 좋았으니까 그 이후로도 막연하게 미술을 해야겠다는 생각을 하며 자랐어요. 그러다 시간이 지나면서 점점 그런 생각들을 잊고 지냈는데 하고 싶었던 걸 못하니까 점점 어떤 욕구가 쌓였던 것 같아요. 결국 고2 때부터 전문적으로 미술을 배워야겠다는 생각을 하고 미대 입시를 준비했던 것 같아요.

박현우 ◈ 저는 재수를 했는데 고3 때 미술을 시작해서 그런지 실기력에 대한 부족함을 항상 느꼈던 것 같아요. 한 번 입시를 치러본 상태잖아요. 그래서 제 단점이 어떤 건지 분명히 알겠더라고요. 그리고 실기 기간도 고3 때 했던 경력을 감안해도 고1 때부터 했던 친구들에 비하면 적은 편이잖아요. 그래서 계속 방심하지 않고 계획적으로 실기 준비를 할 수 있었어요. 장점은 살리되 단점을 보완하는 방향으로 계속 실기 연구를 하다 보니 점점 단점이 고쳐지게 되더라고요.

김지원 ◈ 미술은 어릴 때부터 좋아해서 평소에 관심이 많다가 중2 때부터 시작한 예고 입시를 계기로 더 깊게 빠졌던 것 같아요. 예고 수업과정에 '소묘'가 많아서 그걸 살릴 수도 있고 내신 반영비율도 높아서 이화여대 입시가 저에게 맞았던 것 같아요. 그래서 고3 때 이화여대를 위주로 실기를 준비했는데 그림의 완성도가 부족해서 불안한 상태로 시험을 봤다가 떨어졌어요. 결국 재수 때는 그림의 완성도를 보완하는 쪽으로 계속 신경 썼던 것 같아요. 시간도 예전보다 엄격하게 체크하고 주제에 대한 상황 연출도 더 순발력 있게 만들어 내려고 노력했죠.

최진경 ◈ 미대 입시 준비는 처음엔 서울대, 국민대 디자인 실기를 열심히 준비했어요. 그

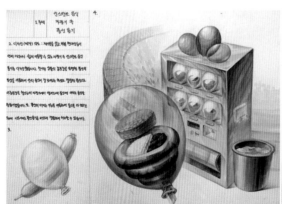

최진경의 재현작 >>>

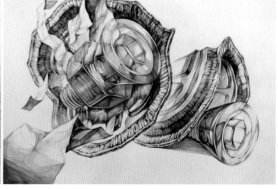

김귀리의 재현작 >>>

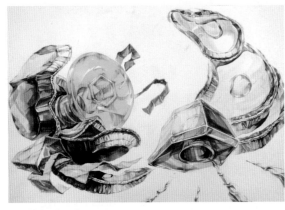

박현우의 재현작 >>>

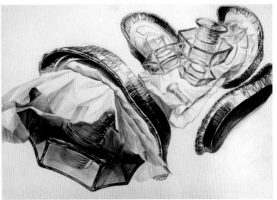

양예빈의 재현작 >>>

런데 국민대의 경우는 기초가 부족한 탓인지 저랑 잘 안 맞더라고요. 창의성을 평가하는 디자인 실기가 저에게 맞는 것 같아서 서울과학기술대 입시도 준비하게 됐어요. 서울대 실기가 서울과학기술대 실기와 의외로 비슷한 점이 있더라고요. 그림은 깔끔하게만 그리면 기술적으로 큰 무리는 없고, 그보다 수험생의 생각을 심도 있게 본다고 생각했어요.

3 수능(내신) 공부는 어떻게 준비했나

양예빈 ◈ 미술 입시생들은 미술 실기랑 공부를 병행해야 하잖아요. 밸런스를 맞춰야 하는데 어느 한쪽에 쏠려버리면 상위권 대학에 진입하기엔 무리가 있을 거 같더라고요. 그래서 최대한 공부와 실기 사이에 균형을 맞추려고 노력했어요.

김귀리 ◈ 제 경우도 공부와 실기 사이에 중간을 찾기가 어려웠던 것 같아요. 공부학원에서는 공부를 더 하라고 하고, 미술학원에서는 미술을 더 열심히 하라고 하잖아요. 어느 장단에 맞춰야 할지 혼란스러웠어요. 결국엔 고3 때엔 수능이 생각보다 잘 안 나와서 많이 낙담했죠. 재수 땐 다 열심히 했지만 특히 한국사 과목이 취약해서 한국사를 위주로 공부했어요. 처음엔 점수가 안 나와서 공부하기 싫었는데 점점 하면서 재미도 붙고 자연스럽게 점수도 올라가더라고요.

박현우 ◈ 이런 저런 노력을 많이 했던 것 같아요. 저는 미대 입시를 준비하기 전엔 수학을 공부했었거든요. 그런데 수학을 반영하는 미술대학이 별로 없잖아요. 그래서 점수가 낮은 사회탐구 영역을 집중적으로 공부했습니다. 국어는 계속 문제를 풀이 위주로 공부했는데 문제 푸는 방법도 여러 가지를 시도해 보고 문제집도 바꿔보면서 변화를 계속 줬습니다.

김지원 ◈ 저는 수시로 지원이 목표여서 학생부 관리를 중점으로 공부했어요. 예고 커리큘럼이 실기와 공부를 골고루 할 수 있게 짜여 있어서 내신 관리가 비교적 안정적으로 된 편이에요.

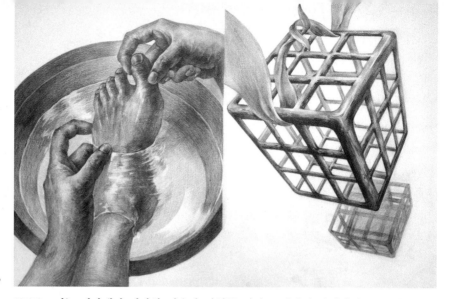

최진경 ◈ 저는 이과에서 전과한 경우라 사회를 전혀 공부하지 않았잖아요. 그래서 고3이 되면서 인터넷 강의로 사회탐구 공부를 혼자 공부했어요. 공부 시간이 분산된다고 생각해서 수학 공부를 놓고 사회탐구 준비를 열심히 했죠. 영어는 서울대 준비 때문에 B형을 선택했는데 결과적으론 서울과학기술대를 합격했으니 좋은 선택은 아니었다고 봐요.

4 학원과 강사 선생님들의 도움

양예빈 ◈ 저는 미술학원을 오래 다닌 편이에요. 그래서 학원 선생님들이 저에 대해 잘 아시고, 또 친구처럼 대해 주셨어요. 그래서 제가 어떨 때 힘든지, 어떤 점을 힘들어 하는지도 잘 아시니까 심적으로 많은 위안을 주셨어요. 그래서 고비가 있을 때마다 큰 방황 없이 넘어갈 수 있었던 것 같아요.

김귀리 ◈ 선생님들의 도움이 컸던 것 같아요. 수능 끝나고 점수가 제 예상보다 낮아서 크게 낙심하고 있었는데 학원 선생님께서 잘 될 거라고, 꼭 붙을 수 있을 거라고 말씀해 주셨어요. 그리고 실기를 준비하다가 힘에 부칠 때 '나도 열심히 할 테니까 너도 열심히 해라'고 말씀해 주셨어요. 실제로 열심히 학생들을 가르쳐 주시는 분이셔서 많이 와 닿았던 말 같아요.

박현우 ◈ 재수할 때 성적이 제 생각보다 안 나왔거든요. 그래서 원래 목표였던 국민대 지원이 불가능할지도 모르는 상황이었어요. 그래서 원서 지원 전략을 선생님과 같이 고민했어요. 국민대 준비는 딱 일주일만 하고 우선 다른 학교 실기에 최선을 다하자고 하셨어요. 큰 기대를 안했는데 막상 국민대 실기를 준비하게 됐을 때 선생님이 진지하게 최선을 다해서 저를 가르쳐 주시는 거예요. 아, 포기하신 게 아니라 정말 일주일 만에 저를 국민대에 붙을 만한 실력을 만들어 주시려나보다 싶었죠. 그래서 저도 성실하게 선생님 지도에 따랐고 실제로 하루하루 실력이 늘었던 것 같아요.

김지원 ◈ 저는 수시 입학이 목표였기 때문에 수시 위주로 선생님들과 상담했어요. 이화여대가 목표 대학이어서 이화여대에 무게 중심을 두고 다른 대학들을 비교적 가볍게 준비하는 쪽으로 결론이 났거든요. 그래서 수능 1달을 앞두고도 이화여대 실기 준비를 했었어요. 거의 1:1 수준으로 선생님과 얘기하면서 단점과 장점을 분석해 보완하고, 그림 완성도를 만들기 위해 여러 자료들을 활용했습니다. 정말 학원 선생님의 도움이 컸어요.

최진경 ◈ 저도 선생님이 많이 도와주셔서 실기 준비가 비교적 수월했던 편이에요. 제가 국민대 실기를 준비할 때는 정말 힘들었는데 담당 선생님이 정신적으로 많이 보듬어 주셨어요. 그리고 서울과학기술대 준비할 때는 제 단점은 보완하고 장점은 살리는 방향으로 잘 지도해 주셨어요. 우선 선생님이 제가 창의적인 생각을 마음껏 할 수 있도록 분위기를 만들어 주셨고 직접 주제도 만들어서 저한테 문제로 내주셨어요.

5 / 미대 입시를 준비하는 후배들에게 조언

양예빈 ◈ 미대 입시생이 가장 하지 말아야 할 행동이 '노력도 안하고 불평하기'라고 봐요. 그림이 안 늘거나 모의고사 점수가 안 나온다고 낙담하면서 주변 환경을 향해 불평하는 친구들을 많이 봤어요. 이런 친구들 대부분이 자기는 열심히 한다고 생각하거든요. 근데 주변에서 보면 전혀 열심히 하는 모습이 아닌 경우가 많아요. 정말로 진심으로 최선을 다해보고 그 결과에 대해서 얘기해야지 자기 연민에 빠져서 부정적인 생각만 하면 입시가 고통스럽게만 느껴질 거라고 생각해요.

김귀리 ◈ 대학에 와보니까 자기 전공이 자기랑 안 맞는 친구들이 더러 있더라고요. 그런 친구들은 학과 생활도 겉돌고 수업에 대한 집중도도 떨어지는 것 같았어요. 비싼 돈 주고 대학 다니는데 그렇게 생활하면 너무 아깝잖아요. 대학에 입학하기 전에 자기 적성과 관심사를 더 자세히 알아보고 거기에 맞게 학과를 선택해서 가는 편이 장기적으로 좋은 것 같아요. 꼭 자기에 대해서 탐구하는 시간을 가져보라고 말하고 싶어요.

박현우 ◈ 제 경우엔 미술 입시를 늦게 시작한 편이거든요. 그래서 미술 경력이 짧은 학생들이 어떤 고충이 있는지 잘 알아요. 그런 학생들은 남들보다 뒤쳐진다는 생각을 하거나 나보다 경력이 많은 사람들이 나보다 훨씬 잘 그릴 거 같다는 생각을 하거든요. 그게 어느 정도는 맞는 말이지만 그렇다고 기죽기 시작하면 아무것도 못하거든요. 물론 실기 경력이 많은 학생들이 나보다 잘 그릴 순 있지만 그게 전부는 아니잖아요. 그 사람들을 따라잡는다는 생각을 갖는 것보다 자기 기준에서 원하는 대학에 합격할 수준의 실기력을 만든다는 생각을 하는 게 보다 도움이 되는 태도인 것 같아요.

김지원 ◈ 평소에 실기연습을 하는 과정에서 그림을 망쳤다고 그 그림을 포기해버리면 안된다고 조언하고 싶어요. 시험장에서 자기가 원하는 과정대로만 그림이 그려진다면 좋지만 대부분 긴장한 나머지 과정이 완벽하지 못한 경우가 많거든요. 그러다 실수하도 한다면 수습이 정말 어려워져요. 평소에 자기가 망친 그림을 수습해 보는 습관을 가져야 이런 상황에 잘 대비할 수 있다고 봐요.

최진경 ◈ 미대 입시생은 공부와 실기를 병행하잖아요. 근데 실기가 재미있다고 공부를 게을리 하는 친구들이 더러 있더라고요. 근데 공부는 정말 자기가 원하는 대학에 가기 위해 꼭 필요한 열쇠거든요. 실기도 중요하지만 공부도 꼭 놓치지 않았으면 좋겠어요.

合格生 울산
최병문 미술학원

김효정
합격대학 이화여대 도자예술전공
출신학원 울산 최병문 미술학원
출신고교 삼일여고
내신성적 3.7등급
수능성적 국어 3등급, 영어 3등급,
법사 3등급, 경제지리 4등급

이동환
합격대학 국민대 시각디자인학과
출신학원 울산 최병문 미술학원
출신고교 학성고
내신성적 3등급
수능성적 국어 1등급, 영어 3등급,
한국지리 3등급,
경제지리 3등급

김희림
합격대학 서울과기대 도자문화학과
출신학원 울산 최병문 미술학원
출신고교 문수고
내신성적 4등급
수능성적 국어 3등급, 영어 1등급,
윤리 2등급, 세계지리 2등급

合格生

1

확실한 진로계획과 꿈을 목표로
20년 후 내 모습을 상상하며 준비했다!

이동환_국민대 시각디자인

시각디자인이 폭넓은 분야라서 학교생활이 재밌어요. 디자인영역에 대한 새로운 정보도 많이 얻고요. 입학 후 생각했던 것과 학과생활에서 다른 부분도 있었는데 과제나 작업이 새롭고 할수록 흥미가 커져서 부전공으로 의상디자인을 듣기도 했죠. 지금은 선배들과 산학협력으로 패션 분야 일을 하고 있는데 직접 디자인한 옷을 판매하고 있어요. 의상이 시각디자인과도 연관된 부분이 많아서 좀 더 나한테 맞는 작업결과물이 나오더라고요.

저희 학교는 전공을 넘나드는 융합교육이 특징적입니다. 교환학생 프로그램이 잘되어 있어서 현재 중국에서 온 학생들과 수업을 같이 듣고 있어요. 저도 중국도자대학에 교환학생으로 갈 계획이 있습니다.

가고 싶은 전공에 대한 목표가 세워지니까 조금만 노력하면 대학을 충분히 갈 수 있다고 판단했어요. 무엇보다 저에 대한 확신이 중요했던 거 같아요.

수능 준비를 꾸준히 했고, 동시에 내신 관리도 소홀히 하지 않았습니다. 평소 입시와 관계없이 내가 좋아하는 그림을 보거나 책을 보곤 했는데, 고단한 입시 생활동안 휴식이 돼주었죠. 충분한 휴식과 꾸준한 보충이 성적 관리를 위한 저만의 방법이었어요.

실기는 고1때부터 기초에 집중해서 탄탄하게 잡아갔는데 2학년 올라가면서 힘들었어요. 어김없이 슬럼프는 오더라고요. 하지만 매일 꾸준히 하던 습관 때문인지 오래가진

않았어요. 다 같이 평가받을 때 상대적으로 내 그림이 어느 정도구나 라는 걸 알게 되면서 빨리 극복해야겠다 싶었어요. 다행히 선생님께서 제 성격을 알고 심리적으로 불안하다는 걸아니까 그림의 좋은 점을 짚어주면서 용기를 주셨던 거 같아요.

학원에서 그림을 많이 보기도지만 특히 미대입시 자료를 많이 활용했는데 더욱 다양한 그림 자료는 비교 평가하는데 도움이 됐어요. 배울 점이 많은 그림은 따로 스크랩하기도 했고요.

합격생은 특별함을 갖고 있지 않아요. 그저 반드시 합격해야겠다는 간절함, 요령 안 부리고 꾸준히 하는 묵묵함, 그리고 또 하나, 시험에 맞춘 전략을 잘 세운다는 것. 성적과 마찬가지로 조금씩 쌓아가는 실력만큼 결과는 클 거라는 생각으로 노력했습니다.

2

항상 평정심을 유지하고 자신감을 지니는 것이 제일 중요하다

김희림_서울과기대 도자문화

미술을 선택하면서 부모님 반대가 심했어요. 진로를 걱정하셨던 거 같아요. 내가 미술을 좋아하고 하고 싶은 일이 무엇인지 확실히 이해시켜드리는 게 우선이었죠. 그래서 입시미술을 좀 늦게 시작한 편인데 학원에서 선생님을 믿고 따르는 게 무엇보다 중요했습니다.

공예가 좋아서 선택하긴 했지만 처음엔 전공정보가 그리 많지 않아서 입시생활에 대한 두려움이 앞서긴 했어요. 빨리 목표를 잡고 빨리 그림이 늘도록 몇 배 더 열심히 해야 했는데 선생님 지도가 도움이 컸어요. 실기계획은 제가 무작정 그린다고 되는 게 아니거든요. 기초가 어느 정도 잡히고 나서 제 개성이 묻어나는 스킬을 어떻게 활용하는지 집중적으로 지도해주셨어요.

고3 때 어느 정도 실기실력이 올라가고 안일하게 생각했던 적이 있는데 아마 다들 그런 경험 해볼 거예요. 순간 현저히 뒤처지는 걸 깨닫게 되면서 정신이 번쩍 드는데, 제 경우는 여름특강 때 다른 그림이랑 비교분석하면서 보안을 해나갔습니다.

여름방학은 날씨 영향도 있겠지만 슬럼프가 오기 쉬운 때였어요. 실기와 성적을 같이 관리하다보니 자신과의 싸움이기도 해서 외롭기도 하고 혼자서만 뒤처지는 느낌을 받기도 했어요. 그럴 땐 친구들과 고민을 서로 털어놓고 격려도 해주면서 페이스를 잃지 않으려 했어요. 하루 동안 주어진 계획표대로 규칙적인 생활을 하려고 노력했는데 소모되는 시간을 최소화하여 자기공부시간을 많이 확보한 것이 방법이었어요. 공부하면서 이해가 되지 않는 부분은 시간이 걸려도 될 때까지 다시 보는 습관이 가졌고, 그림에서 지적받는 부분은 수정 보완될 때까지 연습했던 게 합격의 비결이 아니었나 생각합니다.

수능이 끝난 후 겨울방학에는 실기에 매진했어요. 그림은 친구들과 단점을 서로 얘기해주면서 수정을 하나씩 했고 선생님 지적을 그림에 바로 적용시켜나갔죠. 하루 종일 그리는 연습을 반복하면서 느꼈던 건 모두들 미술에 대한 열의만큼은 미련하단 소릴 들을 만큼 대단하다는 겁니다.

입학할 학과를 충분히 알아보고, 자신이 해당 학과에 입학 후 어떤 부분에 기여할 수 있는지를 분명히 답할 수 있어야 한다고 후배들에게 얘기하고 싶어요.

자신에 대한 믿음과 불굴의 의지가 중요합니다. 미래가 보이지 않는 입시생활 때문에 자신을 믿지 못하고, 반 포기한 상태로 시험날까지 시간만 허비하는 경우가 많은데 '나는 언젠가는 분명히 합격할 사람이고 언제 되는가가 문제될 뿐이다'는 마음가짐으로 모의평가 성적이 안 좋거나 교과서 내용이 이해가 안 될 때도 긍정적이고 진취적인 마인드를 유지하는 것이 가장 어렵고 중요한 일이라고 생각합니다.

《《《 김희림의 평소작

결국에는 합격한다는 확신을 가지고
모든 과목을 두루두루 공부를 한 것이 합격의 비결

김효정_이화여대 도자예술

어릴 적부터 순수작가가 꿈이었어요. 그리기를 워낙 좋아해서 집에서 가까운 개인화실
에 나가서 그림을 그리곤 했어요. 그러다 자연스레 입시미술을 시작하게 됐는데 고등
학교 올라가면서 성적에 신경 쓰려고 입시미술을 3개월 정도 쉬면서 실기가 많이
뒤처지더라고요. 초조하게 생각하면 더 안 될 것 같아서 조바심 내지 않고 집중하
려고 했어요. 공부와 실기 비율을 맞춰가며 실력을 늘리기가 쉽진 않아요. 선생님
께서 시간과 노력을 균형 있게 배분하여 학교성적과 실기에 정성을 다하도록 중
심을 잡아주셨는데 안정적으로 합격을 할 수 있게 된 비결이 되지 않았나 생각합니
다. 초조함을 없애면 슬럼프도 같이 사라져요. 쉽게 접할 수 있는 문화콘텐츠를 틈
틈이 접하고 선배, 친구들과 그림 얘기를 하면서 페이스를 유지하려고 했어요.

방학 때는 학생 간 비교평가 할 시간이 많아져요. 내가 받아들일 건 집에 가서도 정리
하는 시간을 갖고 메모하면서 시험 전에 한번 보고 들어가면 큰 도움이 됐어요. 학원
수업은 여러 선생님이 1:1 지도를 해주셨는데 많은 시너지효과를 주었어요. 실력을 끌

김효정의 평소작 >>>

어울리려고 급하게 몰아가는 게 아닌 오로지 나를 위한 지도였던 겁니다. 제가 배울만한 그림이 있는 곳이라면 어디든 가서 배워오라고 하셨고요.

내신관리는 준비하는 대학에 따라 집중관리 해야 하는 과목을 빨리 정했어요. 점수가 떨어지면 실기시간을 조금 줄이면서 내신에 집중하도록 학원선생님께서 먼저 공부시간을 만들어주셨고요. 수능 준비는 평소에 조금씩 준비를 하되 수업시간에 집중하는 습관을 들이는 게 중요한 것 같아요. 주변 상황에 쉽게 흔들리지 않도록 꼼꼼하게 학습계획을 세우고 일정한 페이스를 유지하도록 스스로를 잘 관리해야 합니다.

저 역시 다른 모든 수험생들과 마찬가지로 합격에 대한 불안감과 두려움이 있었습니다. 실력은 부족했지만 항상 긍정적인 마인드를 가졌던 것이 큰 도움이 되었던 것 같아요. 끝까지 포기하지 말고 스스로를 믿는다면 모두 좋은 결과를 얻을 겁니다.

合格生 원주
톨마 미술학원

이송아
합격대학 서울대 서양화과
출신학원 원주 톨마 미술학원
출신고교 원주고
내신성적 2.3등급
수능성적 국어B 4등급
　　　　 언어B 3등급
　　　　 사탐 3등급

신민철
합격대학 한양대 ERICA
　　　　 주얼리·패션디자인학과
출신학원 원주 톨마 미술학원
출신고교 원주고
내신성적 5등급
수능성적 국어A 3등급
　　　　 영어A 1등급
　　　　 사탐 3등급

석정은
합격대학 건국대 글로컬
　　　　 실내디자인전공
출신학원 원주 톨마 미술학원
출신고교 원주고
내신성적 6.5등급
수능성적 국어A 4등급
　　　　 영어A 3등급
　　　　 사탐 4등급

윤예빈
합격대학 세종대 패션디자인학과
출신학원 원주 톨마 미술학원
출신고교 북원여고
내신성적 3.4등급
수능성적 국어B 3등급
　　　　 영어A 2등급
　　　　 사탐 4.5등급

1 미술을 시작하게 된 계기

이송아 ◈ 중학교 때부터 미술을 하고 싶어 했었는데 부모님께서 미래가 불확실하단 이유로 반대를 하셨어요. 그러다가 고등학교 2학년 쯤 돼서야 허락을 해주신 거죠. 처음 학원에 상담을 받으러 왔던 날 디자인 전공 애들이 그림 그리는 걸 봤거든요. 애들이 막 기계, 메카닉 같은 걸 그리고 있더라고요. 곧바로 '아, 이건 내가 할 게 아니구나'란 확신을 갖고 디자인에 대한 관심을 내려놨죠. 그리고 서양화를 전공으로 선택했어요.

신민철 ◈ 그냥 미술 쪽 일이 하고 싶었어요. 그래서 미대를 가려고 미술을 시작했고요. 한 고등학교 1학년 때부터 학원에 다녔던 거 같네요.

석정은 ◈ 전 아주 어릴 때부터 계속 미술학원에 다녔었어요. 비교적 입시에 가까운 그림을 배우기 시작한 건 중학교 1학년 때 부터고요. 중학생 때는 소묘나 기초 실기를 배우다가 고등학교 들어가서 디자인 실기를 시작했어요.

윤예빈 ◈ 저는 언니가 미술을 전공하는 걸 보고 자라서 미술에 대한 동경 같은 게 있었어요. 그렇다고 너무 어릴 때부터 학원을 다닐 필요는 없을 것 같기에 고등학교 2학년 때부터 입시 미술을 배우기 시작했죠. 결과적으론 시작이 좀 늦었던 탓인지 한 해 더 입시를 치러야 했지만요.

2 내신은 어떻게 관리 했나

이송아 ◈ 고등학교 2학년 때 미술을 시작하기 전까진 차분하게 공부만 했었어요. 그래서 내신이 생각보다 좋은 편이었죠. 미술을 시작하고 나서도 따로 학원을 다니거나 하진 않았고 그냥 학교에서 보충이나 자습으로 해결했어요.

신민철 ◈ 내신은 별로 신경 쓴 편이 아니에요. 거의 수능에 맞춰서 공부를 했고 내신은 그냥 구색 정도만 맞춘 셈이죠.

석정은 ◈ 저도 내신은 따로 관리하지 않았어요.

윤예빈 ◈ 저도 그냥 좋아하는 과목 정도만 좀 건드리다가 고3 들어서는 아예 안 했어요.

석정은의 평소작 >>>

3 수능 성적 관리 비법

이송아 ◈ 주로 학교 자습시간이나 수업시간을 활용했던 것 같아요. 사탐 과목은 학교 수업만으로 좀 부족한 감이 있어서 EBS 강의로 보충했어요.

신민철 ◈ 영어는 중학교 때부터 사촌누나한테 공부를 배웠고요. 국어랑 사탐은 EBS 강의를 들으면서 공부했어요. 저는 개인적으로 국어 과목이 제일 약했었는데, 안 되는 과목은 과감하게 포기하고 좀 나오는 과목에 집중하잔 생각으로 오히려 영어에 더 신경 썼던 것 같아요.

석정은 ◈ 다른 과목들은 그냥 혼자 공부했고 영어만 과외를 받았어요.

윤예빈 ◈ 현역 때 워낙 공부를 안 해놔서 재수를 시작할 때 고생을 많이 했었어요. 거의 처음부터 새로 시작하는 수준이었죠. 그나마 재수학원에 다니면서 체계적으로 배우니까 나아지긴 하더라고요.

4 입시를 치르면서 가장 힘들었던 부분

이송아 ◈ 딱히 스트레스를 받는 부분은 없는데, 한 번 시험을 망친 줄 알고 크게 낙담했던 일이 기억나네요. 부모님도 그렇고 주변 사람들이 '왜 바보같이 실수를 하니'하고 저를 다그쳤었죠. 제가 그동안 묵묵히 노력해온 부분은 알아주지 않고 눈앞의 결과만 놓고 저를 책망했을 때가 가장 힘들었던 것 같아요.

신민철 ◈ 성적도 그렇고 실기도 그렇고 제가 생각하는 대로 풀리지 않을 때가 가장 힘들었어요.

석정은 ◈ 저는 실기보단 공부 쪽이 더 힘들었던 것 같아요.

윤예빈 ◈ 저는 성적은 성적대로 실기는 실기대로 양 쪽을 모두 신경 써야 한다는 상황 자체가 좀 힘들었어요. 심리적인 부담감이라고 해야하나. 그런 게 좀 컸던 것 같아요.

5
입시 도중 기억나는 에피소드

이송아 ◈ 제가 서울에 올라와서 입시를 준비하던 시기였는데요. 이화여대에 원서를 넣어놓고 새까맣게 잊어버리고 있다가 시험 전 날 시험인 걸 알았어요. 일단 시험을 치긴 쳐야겠단 생각에 부랴부랴 준비물을 챙기기 시작했는데 제 개인 신분증 같은 게 하나도 없더라고요. 그래서 부산에서 어머니가 고속버스를 타고 신분증을 가져다 주셨던 기억이 나요.

신민철 ◈ 입시 막판에 서울 홍대 앞 미술학원 거리에서 겨울특강을 듣던 시기가 가장 기억에 남아요. 우리 학원이랑 연계가 되어 있는 학원에 다녔었는데, 그때 보냈던 몇 달간이 되게 인상 깊게 남아있어요.

석정은 ◈ 학원에서 같이 올라간 친구들 몇몇이랑 홍대 근처 고시원에서 살았었는데, 진짜 사람을 강하게 만들어주는 환경이었어요. 제가 너무 가격만 보고 방을 고르는 바람에 시설이 정말 열악했었거든요. 사람 20명 당 화장실이 하나 있는… 뭐, 그래도 나름 재밌는 기억도 많긴 해요. 학원 친구들끼리 생일 챙겨준다거나, 맛있는 것도 많이 먹으러 다녔었고요.

윤예빈 ◈ 정시 나군 시험을 치러가면서 제가 붓을 죄다 학원에 두고 가버린 거예요. 그 사실을 알고 너무 당황해서 어버버거리고 있는데 마침 앞자리 앉은 학생이 붓을 거의 70자루 가까이 들고 왔더라고요. 그래서 처음 보는 학생한테 작은 붓 두 개, 큰 붓 두 개를 빌려서 중간 붓 없이 시험을 치렀어요. 정말 착한 친구였죠. 물론 이후에 학원에 돌아와서 엄청나게 혼났습니다.

6
입시에서 가장 중요한 것은?

이송아 ◈ 성적이나 실기는 비슷한 비율로 중요하기 때문에 오히려 본인이 하려는 의지가 가장 중요하다고 생각해요.

신민철 ◈ 저도 의지력이 가장 중요하다고 봐요. 또 하나 더하자면 스트레스를 받았을 때

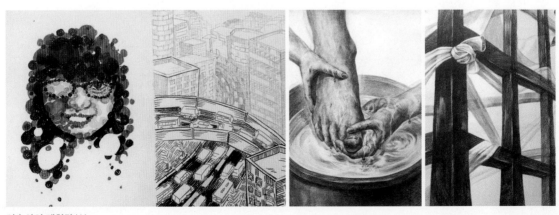

이송아의 재현작 >>>

그걸 쌓아두지 말고 가급적이면 바로바로 풀어주는 게 좋은 것 같아요.

석정아 ◈ 저도 성적하고 실기는 둘 다 중요하니까 논외로 치고, 미대 입시 특유의 '운'도 무시할 게 못된다고 생각해요. 본인의 노력에 따라 컨트롤 할 수 있는 부분은 아니지만요.

윤예빈 ◈ 저는 실기보다 성적이 좀 더 우선이라고 봐요. 나중에 자기가 원하는 대학을 선택해서 가고 싶으면 일정 성적대를 맞춰주지 않으면 안 되거든요.

---

7 현재 진학한 대학 생활에 만족하고 있나

이송아 ◈ 대체적으로 만족스럽지만 다소 아쉬운 부분도 있어요. 아무래도 제가 아직 1학년이다 보니까 입체나 디자인 같이 다른 전공 분야를 아울러 배우긴 좀 힘든 것 같아요. 저는 제 전공이 순수 계열이라고 해서 순수 쪽만 배우고 싶지 않거든요. 학년이 올라가면 복수전공 같은 방법도 있으니 보다 폭 넓게 여러 분야를 배워보고 싶어요.

신민철 ◈ 제가 지금 다니고 있는 학과가 '주얼리·패션디자인학과'인데요. 저는 학년이 올라가면 주얼리와 패션 중에 하나를 선택해서 세부 전공이 갈라지는 줄 알았거든요. 그런데 학과 성격 자체가 융·복합을 추구하는 곳이라 졸업할 때까지 이 두 가지를 병행한다고 하더라고요. 저는 금속공예 쪽에 관심이 있어서 지금 학과를 선택한 거라 패션 쪽을 같이 해야 한다고 하니 좀 당황스럽네요.

---

8 입시를 치르는데 도움을 주신 분들

이송아 ◈ 서울에 올라와서 겨울 특강을 들을 때 원주에 계시던 선생님께서 한 달에 몇 번씩 서울 학원에 찾아와 주셨어요. 선생님도 많이 바쁘셨을 텐데. 바쁜 시간 쪼개서 제 그림도 봐주시고 격려도 많이 해주셨고요. 입시가 다 끝나고 보니 그런 부분이 기억에 오래 남더라고요.

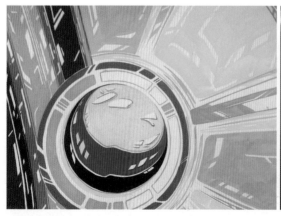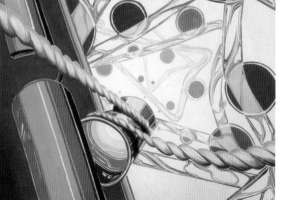

신민철의 재현작 · 평소작 〉〉〉

윤예빈의 재현작·평소작 >>>

신민철◈ 실기 담당 선생님의 영향이 가장 컸던 것 같아요. 이 선생님께서 좀… 말을 아주 직설적으로 하는 분이시거든요. 절대 좋은 쪽으로 포장을 안 하세요. 그래서 몇 번 듣다보면 현실을 직시하게 되는 효과가 있었죠. 아주 대단했어요.

석정아◈ 저는 제 또래 선생님들의 격려에서 많이 위안을 받았던 것 같아요. 그 분들은 본인들 입시가 끝난지 얼마 안 된 분들이시니까 지금 학생들이 어떤 기분인지를 비교적 잘 알고 계시잖아요. 고민상담도 해주시고 격려도 해주시고. 그런 게 참 고마웠어요.

윤예빈◈ 반 마다 수업방식이 조금씩 다 다르거든요. 제가 다닌 반에선 겨울 특강 때 자기가 그린 그림을 찍어서 일기를 쓰는 형식으로 셀프 피드백을 했었는데, 이 수업방식이 정말 많은 도움이 된 것 같아요.

9
후배들에게
조언

이송아◈ 입시를 치르는 동안 주변에서 '나는 안 될거야'하고 일찌감치 포기하는 친구들을 많이 봤어요. 결국 자신을 믿어줄 사람은 자기 자신밖에 없으니까 최대한 끈질기게 마지막까지 포기하지 않았으면 해요. 스스로에게 좀 확신을 가질 필요가 있다고 봐요.

신민철◈ 뻔한 이야기지만 정말 열심히 해야죠. 성적이든 실기든 당장 귀찮다고 게으름을 부렸다간 나중에 고스란히 자기 자신에게 돌아오니까요.

석정은◈ 노력하는 자세도 중요하지만 그 노력을 꾸준히 할 수 있는 의지력도 중요하죠.

윤예빈◈ 남과 자신을 비교하는 걸 좋아하는 사람이 누가 있겠어요. 하지만 입시를 할 때는 자기 자신을 객관화해 볼 필요가 있기 때문에 힘들더라도 남들과 자기를 비교해 봐야 해요. 또 주변 선생님들의 조언들을 의심하거나 하지 않았으면 좋겠어요.

合格生 울산
최병문 미술학원

合格生

1

목표대학에 진학하기 위해
매일 실기에 전념

곽혜원_상명대학교 실내디자인학과

원래 미술을 좋아하는 편이었어요. 그러다 고등학교 1학년 때 디자인으로 입시 미술을 시작했죠. 내신 관리는 영어만 따로 학원을 다니면서 공부했고 나머지 과목들은 학교에서 해결했어요. 수능 때도 마찬가지로 영어는 학원을 다녔고 다른 과목들은 EBS를 참고해가며 자율적으로 준비했고요.

일단 기본적으로 주 5일을 전부 실기 학원에 나왔어요. 주말에도 나오고 싶은 날엔 나와서 그림을 그렸고요. 반 마다 분위기가 좀 다르긴 한데, 제가 다녔던 반은 토요일은 필수, 일요일은 선택이란 분위기 였거든요. 아닌 말로 주 7일을 나왔다고 해도 과언이 아니에요.

여름이나 겨울방학 땐 거의 하루 종일 있다시피 했었고요. 입시를 치르면서 가장 힘들었던 시기는 고 3 여름방학 때, 갑자기 그림에 정체기가 왔을 때였어요. 한창 그림이 늘다가 갑자기 그림이 안 되더라고요. 그 때 정말 스트레스를 많이 받았어요.

상명대는 제가 목표로 하던 학교에요. 전공인 실내디자인에 대해 많이 알고 진학한 건 아니지만 막상 다녀보니 제 적성과도 잘 맞는 것 같아요. 제도 같은 것도 배우고 잡지를 오려서 방을 꾸며보는 과제도 있고요. 재미있게 학교생활을 보내고 있는 중이에요.

곽혜원의 평소작 >>>

2

어릴 때부터 쭉 해오던 미술로
대학까지 진학

정소영_영남대학교 서양화전공

어릴 때부터 쭉 미술을 해오다가 중학교 3학년 때 제대로 입시 미술을 배워 예고로 진학했어요. 예고 진학 후 수채화 특유의 '맛'이 좋아서 서양화를 전공으로 선택했고요. 내신은 거의 혼자 관리한 편이에요. 예고를 다니다 보면 특정 과목은 성적 받기가 좀 힘든 부분이 있어요. 다들 신경 쓰는 과목이 겹치니까요. 그래도 다른 인문계에 비하면 내신 관리 자체는 쉬운 편인거 같아요. 수능 공부는 EBS를 많이 봤어요. 따로 학원을 다니진 않았고요. 학교 자체가 약간 수시를 권유하는 분위기여서 오히려 내신관리에 더 신경을 많이 썼던 것 같아요. 실제로 저도 수시로 진학을 했고요.

정소영의 평소작 >>>

실기학원은 주 5일 정도 나왔어요. 다녔던 곳이 예고라 학교에서도 실기를 하긴 했었는데 그것만 가지고는 좀 부족한 부분이 많았거든요. 그런 부분을 학원에서 제대로 보충했죠. 실기 시간에는 그림에서 주제가 부각되지 않을 때 정말 스트레스를 많이 받았어요. 선생님께 지속적으로 지적받는 부분이 아무리해도 개선이 안 될 때도 그랬고요. 그래도 꾸준히 하다 보니 나중에 다 나아지긴 했지만요.

지금 다니고 있는 학과는 분위기 자체가 약간 현대미술 쪽, 작가 지향적인 것 같아요. 저는 지금 하이퍼 위주의 작업을 주로 하고 있는데요. 만약 제가 졸업 후 작가로 진출한다면 지금 배우는 내용들이 많은 도움이 되리라 생각해요.

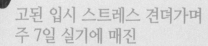

3

고된 입시 스트레스 견뎌가며
주 7일 실기에 매진

박용우_울산대학교 섬유디자인전공

처음 미술을 시작한 게 고등학교 2학년 때니까 비교적 늦게 시작한 편이네요. 솔직히 공부를 열심히 한 편은 아니에요. 크게 내신관리를 한 적도 없고, 수능도 시험 직전에 사탐만 조금 훑어 본 정도거든요.

대신 그림은 정말 열심히 그렸어요. 일주일 내내 나와서 그림을 그렸죠. 물론 그다지 그

김다민의 평소작 >>>   박용우의 평소작 >>>

림을 그리고 싶지 않을 때도 그려야 한다는 점에선 스트레스를 받았지만요. 솔직히 저는 입시 도중에 입시 스트레스를 완전히 해소하기란 불가능하다고 생각해요. 거기에 소모할 시간도 없고요. 그래서 정말 스트레스가 많이 쌓였을 때만 수업 시간에 몰래 핸드폰으로 짧은 유머 동영상을 본다거나 살짝 딴 짓을 하는 걸로 해소했어요. 그 외엔 거의 다 참고 견디는 편이었고요.

원래는 공예 쪽에 관심을 갖고 있었어요. 그런데 울산대 섬유디자인과는 공예적인 성향이 좀 강한 편이에요. 진학 대학을 결정할 때 이 점이 영향을 많이 미쳤죠. 막상 대학에 다녀보니 과제가 정말 어마어마하게 많네요. 개인 실력을 파악하기 위해 본 전공과 직접적으로 관계없는 과제까지 내주거든요. 제 성격하고 잘 맞는 것 같은데 마냥 편하지만은 않네요.

4
선생님의 격려로 수도권 대학 지원 결심,
보람찬 학과 생활 보내는 중

김다민_동덕여자대학교 실내디자인전공

고등학교 1학년 때였나, 평소 존경하던 선생님께서 어떤 디자이너 분에 대한 이야길 해주셨어요. 그 이야기를 듣고 굉장히 감동을 받았었거든요. 그래서 디자인이란 분야에 관심을 갖게 되었고, 그 해 겨울 방학 즈음 처음 미대 입시를 시작하게 되었어요.

공부와 실기를 병행하느라 항상 시간이 빠듯했어요. 그러다보니 수업시간에 집중을 하게 되더라고요. 내신과 수능을 별개로 생각하지 않고 아울러 관리했던 것 같아요. 비교적 취약한 과목이었던 영어는 주말에 시간을 들여 집중적으로 보충했고요.

일주일에 5일 정도 수업을 들으면서 주말이나 비는 시간에도 계속 나와 그림을 그렸어요. 수도권 대학에 진학을 하고 싶었지만 자신이 없었는데 학원장님과 담당 선생님께서 할 수 있다는 자신감을 북돋아 주서서 동덕여대 지원을 결심하게 되었죠. 진학해보니 정말 너무 좋아요. 대학, 학과, 전공 모두 만족스럽고 입시에서 벗어나 진짜 디자인을 배우고 있다는 점에서 정말 보람을 느끼고 있어요.

개인적으로 입시를 치르면서 좀 힘들었던 게, 미술을 하다보면 이래저래 돈 들어가는 데가 많잖아요. 사실 인문계 친구들도 별반 다를 게 없을텐데 괜히 이 문제를 갖고 혼자 스트레스를 좀 받았던 것 같아요. 그럴 땐 친구들과 수다를 떨면서 스트레스를 풀었어요. 사실 입시 자체는 그렇게 큰 스트레스가 아니었던 것 같아요. 저와 비슷한 입장의 친구들이 서로 의지가 되어 주었거든요. 실기를 지도해주신 선생님의 도움이 정말 컸던 것 같고, 곁에서 늘 항상 저를 격려해주신 부모님께도 감사의 말씀을 드리고 싶어요.

5 무의미한 고교 생활 탈피하기 위해 스스로 진로 선택

이도연_부산대학교 디자인학과

미술을 시작하기 전까진 고등학교 시절을 좀 무의미하게 보낸 것 같아요. 그러다 고 2 땐가 스스로 제 진로에 대해 깊이 고민을 한 적이 있었어요. 평소부터 미술에 관심을 갖고 있던 터라 이 시기에 디자인을 제 진로로 선택하게 되었죠.

학교와 학원을 번갈아 다니다 보니 성적을 관리할 시간이 충분하진 않았어요. 그래서 최대한 수업시간에 충실하려 했던 것 같아요. 또 모르는 문제가 있으면 직접 선생님을 찾아가 묻기도 했고요.

일주일에 6일은 학원에 나와서 그림을 그렸던 거 같아요. 반에서 실력이 괜찮은 친구들의 그림을 보면서 좋은 점을 많이 배우려고 노력했고요. 또 좋은 그림이 있으면 사진을 찍어 뒀다가 두고 두고 보기도 했어요. 대신 매일 그림을 그리다보면 가끔 정말 그림 그리기가 싫은 날이 있거든요. 그런 날은 뭘 하려해도 손이 안 따라줘요. 실수를 해서 그림을 망칠 때보다 아예 그림이 '안' 되는 날에 마음이 많이 축났던 것 같아요.

부산, 경남권에서 부산대가 차지하는 위상이란 게 있잖아요. 부모님께서도 부산대 진학을 권유하셨고요. 실제 학교를 다녀보니 여러모로 만족스러운 점이 많아요. 무엇보다 전공 수업을 듣는 게 정말 즐겁고 재미있어요. 하루하루 새로운 걸 알아가는 느낌이에요.

이도연의 평소작 >>>

뒤돌아 생각해보면 일단은 부모님께 정말 감사해요. 밖에서 풀이 죽어 돌아오면 제 기운을 북돋아 주려고 신경을 너무 많이 써주셨고. 또 출결관리를 도와주신 학교 담임 선생님과 실기 지도 선생님께도 감사하고 있어요.

6

공익광고 디자인에 감동받아
미술 전공으로 선택

이상은_서울여자대학교 산업디자인학과

중, 고등학교 때 미술선생님으로부터 미술을 전공으로 삼아보지 않겠냐는 권유를 많이 받았었어요. 개인적으로 미술을 좋아하기는 했지만 선뜻 전공으로 선택하긴 꺼려지더라고요. 세상에 그림을 잘 그리는 사람이 얼마나 많은데 과연 그 중에서 제가 빛을 볼 수 있을까란 걱정이 앞섰던 것 같아요. 그러다 하루는 어떤 공익광고를 보게 되었는데 그 광고가 너무 멋있는 거예요. 그 때 '아, 나도 저런 광고를 한 번 만들어보고 싶다'란 생각이 들더라고요. 그래서 미술을 시작하게 되었고 지금까지도 제 선택에 전혀 후회하고 있지 않아요.

성적은 주로 재수학원을 다니면서 관리했어요. 시간을 많이 들인다고 무조건 성적이 오르는 게 아닌 만큼 시간 배분에 신경을 많이 썼던 기억이 나네요.

재수학원이 끝나면 7시부터 10시 반까지 그림을 그렸어요. 지도해주시는 선생님과 호흡이 잘 맞는 편이어서 여러모로 도움이 많이 됐죠. 또 무작정 시간을 들이기 보단 스스로의 문제점이 무엇인지를 파악하는 게 정말 중요한 것 같아요.

이상은의 평소작 >>>

제가 원하는 전공과 평균 성적대, 그리고 수시 지원이 가능한 대학을 찾다가 서울여대에 지원하게 되었어요. 제가 기대했던 것 이상으로 즐거운 학교생활을 보내고 있고요. 아직 1학년이라 많은 과목들을 배워보진 못했지만 충분히 만족스러운 것 같아요.

사실 입시는 결국 저 스스로 알아서 해야 하는 일인데, 마치 자기 일인 것처럼 곁에서 응원해주고 지지해 주신 모든 분들께 감사해요요. 언젠가 어떤 형태로든지 그 분들께 지금의 감사를 돌려드리고 싶네요.

合格生 홍대앞
클릭
미술학원

김민수
합격대학 숙명여대 공예과
출신학원 홍대앞 클릭 미술학원
출신고교 남녕고
내신성적 4.5등급
수능성적 국어 70
　　　　영어 96
　　　　사탐 84/68

정지욱
합격대학 건국대 산업디자인전공
출신학원 홍대앞 클릭 미술학원
출신고교 대영고
내신성적 4.5등급
수능성적 국어 84
　　　　영어 90
　　　　사탐 83/78

허연우
합격대학 건국대 산업디자인전공
출신학원 홍대앞 클릭 미술학원
출신고교 함안명덕고
내신성적 3.8등급
수능성적 국어 82
　　　　영어 93
　　　　사탐 74/64

이채원
합격대학 고려대 디자인조형학부
출신학원 홍대앞 클릭 미술학원
출신고교 사대부고
내신성적 4.5등급
수능성적 국어 92
　　　　영어 92
　　　　사탐 52/49

1 미술을 시작하게 된 계기

김민수 ◈ 어릴 때부터 취미로 미술학원에 다녔어요. 적성에도 맞고 재미있어서 고등학교에 올라가면서 본격적으로 입시학원에 다녔죠. 그렇게 꾸준히 미술을 했던 것 같아요. 원래는 회화였는데 요즘 디자인으로 시대가 많이 흘러가는 것 같아서 입시학원에서 전공을 디자인으로 바꿨어요.

정지욱 ◈ 어머니가 미술선생님이어서 애기 때부터 미술을 했어요. (너무 일찍 시작했는지) 중간에 귀찮아서, 질려서 안했죠. 그래서 고등학교도 인문계 학교에 진학했어요. 공부로 대학에 가려 했는데 수학이 현실적으로 너무 어렵더라고요. 성적이 잘 안 나오다 보니까 고1 겨울방학 때부터 미술을 하기로 결심하고, 어머니께서 아시는 분을 통해 미술을 다시 시작했어요. 다시 해보니까 재미있고 잘 맞아서 즐겁게 입시를 준비했죠.

허연우 ◈ 어렸을 때부터 미술을 시작했었고, 초등학교 때까진 잘했는데 점점 재미가 없어서 중학교 때 그만뒀다가 고등학교 들어가서 다시 미술을 시작했어요. 고2 때 미술을 다시 하기로 마음을 먹었는데, 집이 시골이라서 미대입시를 준비할 여건이 좋지 않았어요. 버스를 타고 시내로 통학하면서 입시학원엘 다녔어요.

이채원 ◈ 원래 미술을 좋아하긴 했는데 부모님이 반대를 해서 못했었어요. 부모님께서 "도박을 하면 집안이 폭삭 망하고 애들 예체능 시키면 집안이 서서히 망한다"시며 반대를 심하게 하셨거든요. 그래서 인문계 고등학교에 진학해 수학 과외를 하는 등 공부에 전념하고 있었죠. 그래도 미술을 하도 좋아하니까 부모님을 계속 설득했어요. 고3 되니까 부모님께서 "성적이 안 되니까, 그래, 차라리 미술을 해라" 하고 허락하셨고, 친구 추천으로 학원에 다니면서 미술을 시작했어요.

2 입시 기간 동안 힘들었던 점

김민수 ◈ 재수를 했어요. 고3 때 대학 예비번호 받으면서 계속 기다렸는데 결국 안 됐어요. 그때 합격소식을 기다리면서 제일 힘들었어요. 노는 게 노는 게 아니고 집에서 쉬는 게 쉬는 것도 아니었고. 설날 때 눈치도 보이고 그랬는데, 결국 재수를 하게 됐죠.

막상 재수를 할 땐 어차피 할 거 편하게 하자, 긍정적인 생각으로 마음을 다잡고 나니 편해졌어요. 고3 때 학원 다니면서 재수하는 언니오빠들도 많이 봤었고 해서요. 또 재수를 괜찮게 생각한 이유가 많은 친구들이 같이 재수했거든요. 그러니까 마음이 좀 더 괜찮더라고요.

고3 때 공부를 열심히 안한 편이어서 재수 때 공부도 열심히 하게 된 계기가 됐어요. 이왕 재수하는데 높은 대학 써야잖아요. 평소엔 공부 위주로 많이 하고 그림은 고3보다 1년은 많이 연습했으니까 쉬엄쉬엄 했죠. 어쩔 수 없는 선택이었지만 잘 한 것 같은 느낌이에요.

정지욱 ◈ 저는 학원에서 기초디자인만 했어요. 근데 입시 때 되니까 사고의 전환 유형도 봐야 하더라고요. 처음 접하는 거여서 시험 준비가 너무 힘들었어요. '하다 보면 되겠지' 하는 마음으로 꾸준히 했어요. 기초디자인 시험을 매주 봤는데 점수가 계속 안 나왔어요. '병풍 같은 존재'였죠. 선생님 말씀이 "평소에 잘 못하다가 시험 전날 A+ 받고 간 애들이 잘하더라" 하셔서 계속 연습했어요.

김민수의 평소작 >>>

정지욱의 평소작 >>>

크게 힘들었던 점은 별로 없어요. '어떻게든 되겠지...' 했거든요. 빠른 생일이라 뭐 재수해도 손해가 아니다는 생각도 했고요. 근데 수능 두 달 전에 점수가 엉망진창이었던 건 좀 신경이 쓰였죠. 그때 정신 차려서 공부했어요. 언니가 공부를 잘하고 대학도 한 번에 가고 그래서 많이 이끌어줬고 정신적 부분에서 많은 도움이 됐어요. 그래서인지 실제 수능에서는 생각보다 조금 성적 올랐죠. 그림도 막판에 조금 늘어서 좋았고 꾸준히 한 게 좋았던 것 같아요.

허연우 ◈ 고1 때 사고의 전환을 계속했고, 기초디자인은 고3 후반에 시작했어요. 사고의 전환으로 계속 연습하고 준비했는데, 스스로 한계에 부닥치고 안 깨달아지는 부분이 있어서 스트레스였어요. 계속 고민했었는데 결국 답은 못 찾았어요.

제가 지방에 있다 보니까 서울에서 선생님들이 일주일에 두 번쯤 내려오시는데 평소에는 서울 선생님이 없어서 기초디자인 공부를 저희가 알아서 해야 하는 거예요. 지방 학원 선생님은 기초디자인을 잘 모르셔서 애들만 모여서 뭘 어떻게 해야 하는지 모르고 시간을 보내는 경우가 많았죠. 그때 성적도 되게 안 좋았고요. 건국대 가고 싶었는데 시간을 막 쓰고 그러니까 불안했었어요.

이채원 ◈ 저는 집이 청주였는데요, 학원에서 미술을 제일 늦게 시작했어요. 다들 저보다 진도도 한참 앞서 있었는데, 저는 물품도 새로 사야하고 애들한테 빌려야하고 그런 점이 힘들었어요. 저는 미술 용어 자체를 몰랐으니까 말도 안 통하고 그랬어요. 주눅이 들죠. "눌러, 죽여" 이것도 못 알아들었으니까 처음 시작할 때 젤 힘들었어요. 차근차근 선생님 지도 하에 배워갔죠.

김민수 ◈ 재수 하니까 유혹이 많았어요. 저는 공부를 하고 있는데, 또래 애들이 노는 문화를 들으니까 그런 게 힘들었어요. 같이 미술학원 다녔던 애들이 서울로 대학 갔는데 정말 잘 노는 거예요. 저는 제주도에서 학원에 다녔거든요. 제주도엔 밤문화, 술문화가 없어서 빨리 놀고 싶다는 그런 유혹이 많았어요.

이채원 ◈ 성적 때문에 고민을 하기도 했어요. 성적이 좋으면 기초디자인을, 성적이 애매하면 사고의 전환을 준비하는 게 유리하잖아요. 그런데 수능에서 국어, 영어는 괜찮은데 탐구 성적이 사고의 전환에서도 못 써먹게 나오고 그래서 고민했어요. 그나마 수능 때 잘 나와서 다행이었죠. 하지만 탐구는 역시 5등급이 나왔죠. 선생님께서 "다른 대학들은 탐구 많은데 고대는 탐구를 안 보니까 조금 높아도 차라리 고대를 써라" 하셔서 고대를 치게 됐어요.

3 내신/수능 성적관리

김민수 ◈ 내신보다는 수능에 집중하자는 주의였어요. 고3 때 공부를 안 해서 성적이 좋지 않았기 때문에 재수 때에는 공부에 많이 신경을 썼죠. 평소에 책을 많이 안 읽기 때문에 속도, 이해능력이 약해서 국어를 못 했어요. 그래서 EBS 연계교재 출제 비중이 70%니까 그냥 외웠어요. EBS 교재의 지문을 거의 외웠어요. 이런 내용이면 이건 누구의 소설이고 몇 인칭 시점이라는 그런 걸 외웠어요. 비문학 같은 경우에는 계속 문단 나누고 하는 연습을 했죠. 결과적으로 문학은 괜찮았는데 비문학에서는 좀 많이 틀렸어요.

영어 같은 경우는 6월 모평 끝날 때까지 B형만 공부했어요. 미술은 거의 다 A형만 보잖아요. 혹시나 하는 마음에 B형으로 공부하면 A형이 쉬우니까요. 결국 막판에 A형으로 봐서 성적이 올랐죠. 사탐은 노트정리를 따로 했어요. 학원에서 배운 내용이랑 EBS 자료를 복사하고 그래프 같은 거 잘라 붙이기를 해서 저만의 노트를 만들었어요.

정지욱 ◈ 내신관리를 2학년 때까지 했어요. 1학년 때에는 수학 공부하느라 다른 과목을 안했다가 2학년 때 다른 과목 집중해 내신 좀 올렸는데, 학과수업 때에는 수능에서 볼

사탐을 안 가르쳐 주시는 거예요. 그래서 내신을 과감히 포기하고 수능에 올인 했죠. 친구들이 다 같이 공부를 안 하고 나가서 놀고 그래서 유혹이 많았는데 혼자 집에서 공부했어요. 그런데도 9월에 5등급 밖에 안 나왔어요.

열심히 해야겠다 마음먹고 국어는 언니 도움으로 책을 일주일에 세 권씩 읽었는데 많이 읽으니까 속독도 되고 이해력 높아지더라고요. 또 EBS 책을 세 번씩 독파했어요. 영어는 아무리 해도 안 되겠더라고요. 그래서 단어만 엄청 외웠어요. 사탐은 이번에 새로 나온 생활과 윤리, 동아시아사를 했는데 (처음 도입된 과목이어서) 문제도 별로 없더라고요. 어렵긴 했지만 재미있어서 공부가 잘 되었어요.

허연우 ◦ 제가 다닌 고등학교는 우리 지역에서도 공부를 잘 안 하는 학교였어요. 원래는 중3 때 예고를 가려고 준비했었는데 막판에 마음이 돌았어요. 왜인지 모르겠는데 그냥 예고를 포기하고 인문계 고등학교에 진학했죠. 생각했을 때 그래도 내신 따기는 괜찮겠다 싶었는데 전체적인 분위기가 공부를 안 하니까 저 역시 공부를 안 하게 되는 거예요. 그래도 '그림만 잘 그리면 서울의 어느 대학에 갈 수 있겠지' 생각하고 걱정하지 않았어요. 그런데 상담을 하다가 선생님이 저는 '인 서울' 못하고 잘 가야 지방캠퍼스 갈 거라고 하시더라고요. '인 서울'이 꿈이었는데 그렇구나 하고 고3 때 공부를 시작해야겠다는 생각이 들었죠.

수능특강 풀다가 여름방학 되니까 공부 안 되고 덥고 그래서 한 달 정도 정신줄 놓고 그랬던 시기가 있었어요. 하지만 이후엔 다시 집중했죠. 사탐은 윤리와 사상, 세계사를 준비했어요. 윤리와 사상은 원래 관심이 많은 과목이어서 잘 준비한 편이고, 다른 한 과목으로 그나마 관심 있는 세계사를 선택했는데, 부딪혀보니 분량이 많이 깜짝했어요. 그래도 관심 있는 과목이라 꾸준히 공부했어요.

이채원 ◦ 미술로 입시를 할 계획이 없었기 때문에 고2 때 이과를 선택했어요. 사탐이 너무 싫은 거예요. 거기다 오빠가 문과를 갔는데 후회를 많이 하고 저에게 '넌 꼭 이과 가라' 그래서 이과를 선택했죠. 그러다 3학년이 되어서 미술을 하기로 결정했잖아요. 수학 시간이 너무 많은 거예요. 많은 수학 시간들을 잠으로 보냈어요. 내신은 놓아야 했죠.

미술을 시작하면서 수학 과외를 끊고, 영어 공부를 많이 했어요. 미대는 국어, 영어 비중이 높으니까. 저는 원래 읽는 속도가 되게 느리고 한 단어를 두 번씩 읽고 그런단 말이에요. 그래서 과감하게 EBS 연계교재를 버렸어요. 답지만 가져왔어요. 해석이 되어 있잖아요. 해석은 한글로 되어있으니까 해설 답지만 외웠어요. 영어는 지문 내용을 읽으면 대충 전체적인 내용이 떠오르잖아요. 그래서 그냥 외우면 될 것 같았죠. 어차피 EBS에서만 나온다니까 답지를 모두 가져와서 외웠어요. 단어를 보고 '아 이 내용이구나', 첫 문장 하나만 보고 '아, 이거구나' 하면서 시간을 단축했죠. 국어는 짧은 시간에 문제 많이 풀기 연습을 했고요.

사실 탐구가 문제였죠. 탐구는 해도 안 되더라고요. 결국 수능에서 국어, 영어는 높은 2등급을 받았고, 탐구는 둘 다 낮은 5등급을 받았어요.

4 후배들에게 조언

김민수 ◈ 고2 예비반 가르치고 있는데 저는 고2 때 가고 싶은 대학이 정해져 있었거든요. 그때부터 건국대를 목표로 했어요. 고3 때 성적이 안 나와서 동덕여대로 바꾸긴 했지만요. 그런데 지금은 아이들한테 물어보면 없어요. 목표도 없고 그냥 다니는 거예요. 의아했어요. 가고 싶은 대학을 정해서, '인 서울 하고 싶어요'라도 정해서 그림을 그리면 좋을 것 같아요.

정지욱 ◈ 입시를 하면서 느꼈던 게 성적이 안 좋으면 지원할 대학이 없다는 거예요. 고2, 고3 아이들에게 여름방학 때 특강도 특강이지만 공부를 했으면 좋겠다는 말을 하고 싶네요. 성적이 안 나오면 선택할 대학이 없으니까. 미술학원은 일주일에 3번 정도 나오고 공부를 많이 해야 해요.

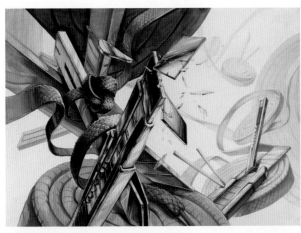

허연우의 평소작 >>>

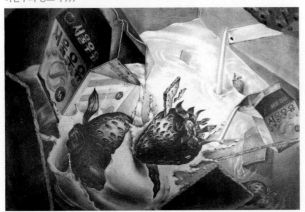

이채원의 평소작 >>>

허연우 ◈ 공부랑 그림이 어중간한 경우가 많아요. 저 역시 그랬고요. 하지만 심적으로 힘들어도 뭐라도 하고 있어야 해요. 손을 놓지 말고 그림을 계속 그려야 하죠. 그림 실력이 느는 시간, 안 느는 시간 있으니까 고민하게 되고 머리가 아프죠. 막판에 그림은 늘게 되어 있으니 걱정하지 말고, 꾸준히 손을 놓지 않는 게 중요한 거 같아요.

이채원 ◈ 공부도 중요한데 미술도 놓칠 수 없죠. 미술에 조금 소홀한 사람도 있고 미술에만 올인 하는 사람이 있는데, 미술에 올인 하는 사람에겐 '공부 좀 해라' 말하고 싶고, 미술학원 안 나오는 사람에겐 '그림 그려라' 말하고 싶어요. 학원에 안 나오면 진도가 달라질 수밖에 없죠. 안 나오면 평가가 떨어질 수밖에 없는데 그걸로 또 스트레스 받게 되니 애초에 잘 나와서 미술 진도도 잘 맞추고, 나머지 시간을 공부하는 데 투자하라는 거예요.

또 자기가 좀 자기만의 방법을 개발했으면 좋겠어요. 그림이 안 는다는 말을 많이 하는데, 선생님들이 요구하는 대로 맞추려고 하니까 그렇거든요. 그 속에서 자기만의 방법을 찾는 게 중요해요.

"학교 공부를 충실히 따랐으며,
집에서 예·복습의 계획을 잘 실천한 결과입니다."

"미술학원 선생님이 1:1 지도를 해주기
때문에 제 그림의 장점과 단점을
파악하기 쉬웠고 이는 대학 입학 후에도
도움이 됐습니다."

"미술학원에서 진행하는 프로그램은
다 이유가 있고 학교생활에 충실해야
목표한 길이 보입니다."

"대학 입학 후 자기와 맞지 않는
전공 때문에 반수를 시작하는
입시생들은 돌아갈 학교가 있다고
안일하게 생각할 수 있습니다.
하지만 대학에 대한 환상이나
막연함보다 어느 정도 학과생활의
실생활이나 현실을 알고 다시 처음부터
준비하는 거라 마음가짐이 겸손해지고
되려 선생님들의 질타나 지적 등을
내 그림에 반영할 수 있었습니다."

"재수생활이 시작되면서 그림 그리기가 싫어졌었는데
학원선생님과 상담하면서 서서히 좋아질 때를 기다렸고
대신 성적 올리기에 시간을 더 투자했어요.
그리고 면접을 보는 대학을 선택하면서 미술학원에서
미학, 미술사 시간을 갖도록 했는데 선생님과
시사, 철학 분야를 토론식으로 대화하며 면접 대비를
했습니다."

"2년 동안 인체실기 연습을 했는데
누드크로키는 학원에서 처음 해봤어요.
인체를 자세하게 관찰하게 된 계기였고요.
그때 경험은 지금도 도움이 됩니다."

"평소 관심 있는 분야에
열심이었습니다.
주말에는 전시회나 문화
의 거리 등을 다니면서 마
음의 여유를 가졌고요.
대학선택을 빨리하고
반영교과를 중점적으로
공부해 좋은 점수도
받았습니다."

"다른 학생의 그림에서 장점을 배우고 다른 그림에서 보이는
단점이 혹시 내 그림에서는 나타나지 않는지 파악합니다."

"지원한 학교와 전공에
대한 열정을 본인에게
주어진 시간 내 적절하게,
효과적으로 보여줘야
합니다. 그림을 통해 열정을
어떻게 보여줄 것인가는
사실 어느 정도 노하우가
필요하다고 보거든요."

"전공에 대한 '순수한 즐거움' 이
대학 합격을 부른다고 말하고 싶어요."

"그림은 장단점이 바로 나타난다는 점이
제 슬럼프의 원인이 되기도 했어요. 하지만 좋아하는
미술로 대학을 간다는 건 행운이면서 무척 신나는
일이라는 자기암시를 하면서 방향성을 잃지 않도록
노력했어요."

아름다운 가능성을 향한 도전

미술이 준 눈물, 기쁨 그리고 합격

ISBN : 978-89-93399-51-6
가 격 : 12,000원

초판 인쇄 : 2014년 8월 26일
초판 발행 : 2014년 9월 1일

기　　획	황정일 편집장
취　　재	박세진, 김등대, 복송아, 김진선 기자
사　　진	권주용 기자
디 자 인	오승열, 김대희, 한창미, 양지혜
마 케 팅	박좌용

펴 낸 곳	미대입시사
출판등록	1989년 3월 15일 라-4024
주　　소	121-180 서울시 마포구 어울마당로 26 제일빌딩
전　　화	02-335-6919 / Fax 02-332-6810
홈페이지	www.artmd.co.kr / www.화구몰.com

이 도서의 국립중앙도서관 출판시도서목록(CIP)은 서지정보유통지원시스템 홈페이지(http://seoji.nl.go.kr)와
국가자료공동목록시스템(http://www.nl.go.kr/kolisnet)에서 이용하실 수 있습니다.
(CIP제어번호 : CIP2014024633)

유명미술대학 합격생들의
실기비밀노트

월간 미대입시에서 만들면 다릅니다.
정기구독자에게 드리는 단행본 구입 혜택도 받으시기 바랍니다.

기본 정물에서부터
채색방법을 익히며 수채화를 배우는
실기교재입니다.
실기 스케치북으로 공부하면
미술이 아주 쉬워집니다.

5절(220g캔트지)/30p/가격 12,000원

기초수채화의 단계를 넘어선
분들을 위한 실기교재 입니다.
정물수채화의 구도와 사진을 보고
표현하는 방법을 배워보세요.

5절(220g캔트지)/30p/가격 12,000원

채색의 기초부터 구도, 주제의 선택,
계절별 나무 등 다양한 테마로
학생들이 쉽게 따라할 수 있도록
제작하였습니다.

4절(220g캔트지)/32p/가격 16,000원

채색의 기초부터 구도,
주제의 선택, 계절별 나무 등 다양한
테마로 학생들이 쉽게 따라할 수
있도록 제작하였습니다.

4절(220g캔트지)/32p/가격 16,000원

소묘를 처음 공부하는 학생들을
위한 실기교재입니다.
스케치북의 단계별 작품을 따라하면서
소묘의 재미를 느껴보세요.

5절(220g캔트지)/30p/가격 12,000원

1쇄 완판에 감사드리며,
2011년 새롭게 보강된
[퍼펙트 드로잉 증보판]이
출판되었습니다.
그 명성만으로도 더 이상의
설명이 필요 없는 좋은
교재입니다.

176p(All color) /가격 18,000원

기초부터 완성까지
꼼꼼한 저자만의 방식으로
정확한 형태와 표현법, 물체의
위치와 빛의 변화,
물체 색에 따른 명암의 표현
등을 익혀보세요.

164p(All color) /가격 15,000원

풍경수채화 I, II 스케치북의
내용을 한권의 이론으로
묶었습니다.

128p(All color) /가격 15,000원

입시 수채화가 아닌
'번지기, 흘리기 기법'을
활용하여 '과일'을 표현한
정물수채화 책입니다.

92p(All color) /가격 12,000원

매년 개최되고 있는 전국학생
(톰보연필 소묘공모전)에서
수상한 우수한 소묘작품들을
모은 책입니다.

176p /가격 15,000원

디자인을 처음 공부하는
학생들이 어떻게 접근해야
하는지 실습과 함께 소개한다.

98p /가격 16,000원

미대입시 구입문의 02)335-6919 | 서점이나 인터넷에서 구입하세요.